保カリBOOKS 9

プチパネル・いろいろシアター

ケロポンズの出し物・シアターおまかせブック

はじめに

この本はごくカンタンな準備やしかけでできる、出し物・シアターおまかせブックです。楽しく遊び、おいしく食べる。そしてなによりも、気持ちよく暮らすということが子どもたちの生活の基本ですよね！　この本がみなさんの身近な子どもたちとの、楽しい日々の一部になれたら嬉しいです。いくらでもアレンジして遊んでみてくださいね!!

ケロポンズ（増田裕子・平田明子）

本書の特長

特長1 ニューヒーロー おにぎりくんで 子どもの心をわしづかみ！

特長2 食育も生活習慣も楽しく伝えられる！

特長3 たくさんのシアターで遊びも出し物も困りません！

これでどんなシアターも楽しくなるね！

もくじ Contents

はじめに ……………………1
本書の特長/本書の使い方 ……2

I ケロポンズの必殺技＆おにぎりくんの「食育」「生活習慣」シアター・ネタ

I-1 ケロポンズの必殺技を伝授！

1. ケロポンズ流 **子どもの心をわしづかみ**のコツ ……6
2. **パネルシアター**の作り方と演じ方の**コツ** ……7
3. **ペープサート**の作り方と演じ方の**コツ** ……10

I-2 おにぎりくんをあなたの必殺技にしよう！

なんてかわいいおにぎりくん！

1. **プチパネルでクイズ** おにぎりくん おなかの中クイズ ……11
2. **ペープサートで食育** ごはんを食べて元気に！ ……12
3. **パネルシアター** おにぎりくんの旅 〜よくばりカラスの巻〜 ……14
4. **どんなシアターでもOK！** おにぎりくんで生活習慣
   - あいさつ お顔を見てね！ ／ 早寝・早起き 朝から元気に！ ……18
   - 手洗い・うがい 帰ってきたら？ ……18
   - かたづけ おっと危ない！ ／ 着替え トンネルはいくつ？ ……19
   - トイレ もれちゃうもれちゃう！ ……19
5. おにぎりくんの**えかきうた** ……20

本書の使い方

どんな時でも楽しめるネタがいっぱい！

- 生活習慣どうやって教えよう？
- 発表会の幕間の出し物何にしよう？
- 明日の遊びどうしよう？

そんな時に！

- かわいい！ 楽しい！ **おにぎりくん**で出し物を！ 
- **お手軽プチパネル**で出し物を！ 
- **いろいろシアター**で子どもと楽しもう！ 
- 低年齢児からも！ **いち・にのまねっこ**や**うきうきたいそう**で！ 
- 楽しい**うたっておえかき**も！

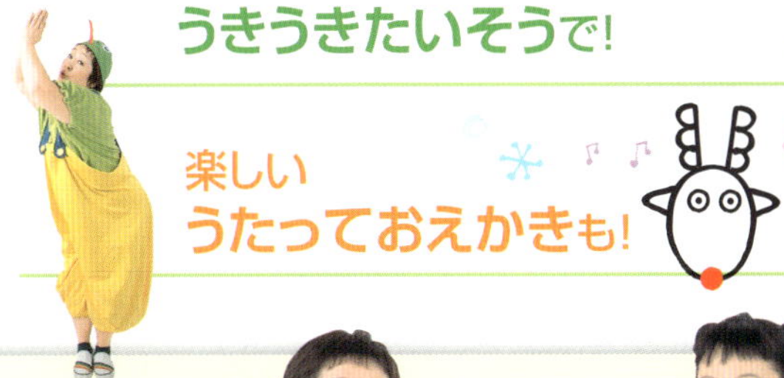

Ⅱ お手軽プチパネル

1. 着替え、あいさつ指導に！　いってきまーす！ ……22
2. お弁当、給食、食育ネタに！　たべたいな！ ……24
3. いつでも！ 出し物ネタに！
   ① ふわりくも ……26
   ② へんしんへんしん ……28
   ③ 動物サーカス ……30
   ④ グーチョキパーちゃん ……32
4. 梅雨におすすめ！　だれの かさ？ ……34
5. 夏におすすめ！　なつなつ なつだ!! ……36
6. 秋におすすめ！　何が 見える？ ……38
7. 冬におすすめ！
   ① だれの くつ？ ……40
   ② つみきで あそぼう ……42
8. 春におすすめ！　土の中から ……44

ちょこっとコラム　おにぎりくんたちのプロフィール ……46

おにぎりくんでも遊べるヒントが全部に付いてるよ！

もくじ Contents

Ⅲ いろいろシアター

> 身近な素材で遊べるね。

1. お誕生日会の出し物ネタに！
   - パネルシアター ロウソク フー ……48
2. いつでも！出し物ネタに！
   - ① 切り紙シアター どうぶつ だあれ？ ……51
   - ② 色画用紙シアター つなすべり ……54
   - ③ ハンカチシアター へんしん オバケちゃん ……57
   - ④ 空き箱シアター ブラブラな〜に？ ……60
   - ⑤ 段ボールシアター のるかな？ ……63
3. 梅雨におすすめ！ 画用紙シアター 大きくなあれ！ ……66
4. 夏におすすめ！ 色画用紙シアター 花火が ドン！ ……69
5. 秋におすすめ！ ペープサート な〜んの 木？ ……72
6. 冬におすすめ！
   - ① 紙コップシアター クリスマスパーティー ……75
   - ② パネルシアター コタツの 中 ……78
7. 春におすすめ！ 色紙シアター 卒園おめでとう ……81

> もちろん おにぎりくん でも！

ちょこっとコラム　おにぎりくんともっと遊ぼう！ ……84

Ⅳ いろんな遊び 盛りだくさん!!

> 低年齢児から楽しめるよ！

Ⅳ-1. いち・にのまねっこ
① おにぎり ……86
② おはな ……87
③ かえる ……88
④ かに ……89
⑤ はなび ……90
⑥ にんじゃ ……91
⑦ フラミンゴ ……92
⑧ おすもうさん ……93
⑨ ゆきだるま ……94
⑩ スケート ……95
⑪ ロケット ……96
⑫ にじ ……97

Ⅳ-2. うきうきたいそう
① ぞうさん ぶらぶら たいそう ……98
② ちょうちょう ひらひら たいそう ……99
③ へびさん にょろにょろ たいそう ……100
④ かにさん チョキチョキ たいそう ……101
⑤ おばけ ひゅーどろん たいそう ……102
⑥ ゴリラ うほうほ たいそう ……103
⑦ どんぐり コロコロ たいそう ……104
⑧ ひこうき ビューンビューン たいそう ……105
⑨ ペンギン よちよち たいそう ……106
⑩ おもち ぷーっくり たいそう ……107
⑪ せんたくき ぐるぐる たいそう ……108
⑫ ロボット ウィーンガシャン たいそう ……109

Ⅳ-3. うたっておえかき
① ありさん ……110
② かたつむり ……110
③ ねこ ……110
④ ヨット ……112
⑤ クラゲちゃん ……112
⑥ ハリネズミ ……112
⑦ トナカイ ……114
⑧ たこにゅうどう ……114
⑨ オニ ……114

付録　便利な型紙

- p.11 おにぎりくん おなかの中クイズ ……116
- p.12〜13 ごはんを食べて元気に! ……116
- p.14〜17 おにぎりくんの旅 ……116〜117
- p.18〜19 おにぎりくんで生活習慣 ……117
- p.22〜23 いってきまーす! ……118
- p.24〜25 たべたいな! ……119
- p.26〜27 ふわりくも ……120
- p.28〜29 へんしんへんしん ……121
- p.30〜31 動物サーカス ……121
- p.32〜33 グーチョキパーちゃん ……122
- p.34〜35 だれの かさ? ……122
- p.36〜37 なつなつ なつだ!! ……123
- p.38〜39 何が 見える? ……123
- p.40〜41 だれの くつ? ……124
- p.42〜43 つみきで あそぼう ……124
- p.44〜45 土の中から ……125
- p.48〜50 ロウソク フー ……125
- p.54〜56 つなすべり ……125〜
- p.60〜62 ブラブラな〜に? ……127
- p.63〜65 のるかな? ……128
- p.66〜68 大きくなあれ! ……129〜
- p.69〜71 花火が ドン! ……131〜
- p.72〜74 な〜んの 木? ……133
- p.75〜77 クリスマスパーティー ……133
- p.78〜80 コタツの 中 ……134
- p.81〜83 卒園おめでとう ……135

I ケロポンズの必殺技＆おにぎりくんの「食育」「生活習慣」シアター・ネタ

おいなりちゃんで〜す！

ぼくおにぎりくん！

たくあんばあさんじゃよ！

シアターを演じるコツをこっそり教えちゃいます！

これで子どもの心をバッチリつかんじゃおう！

たくさん食べて元気いっぱいよ！

日本人ならおにぎり！

しっかりお米を食べるのじゃ！

I ケロポンズの必殺技 & おにぎりくんの「食育」「生活習慣」シアター・ネタ

I-1 ケロポンズの必殺技を伝授！

1. ケロポンズ流 子どもの心をわしづかみのコツ

シアターを演じるうえで大切なこと、子どもの心をつかむとっておきのコツを、ケロポンズが伝授します！

その1 なりきる！
自分を捨てて（？）、表情豊かに、とにかくなりきって演じてみましょう。

「ぼくはおにぎりくん！」「元気いっぱい！」「エーン」「悲しいよ〜」

その2 恥ずかしがらない！
演じている人が恥ずかしがっていると、見ている人がしらけてしまいます。

「恥ずかしい……」「しどろもどろ〜」「え〜っと……」

その3 まちがえても、堂々と！
まちがえてもいいんです。堂々と、自信を持って演じましょう。途中で話がとぎれると、子どもも不安になります。

「あっ、まちがえた……」「でもだいじょうぶ！落ち着いて続けよう。」

その4 子どもとの掛け合いを大切に！
子どもたちの声をよく聞いて、掛け合いをしながら進めていくと、ストーリーがよりおもしろく広がります。

「なぁ〜んだ？」「さけ！」「たらこ〜」「うめぼし！」

その5 ウケたところは定番に！
子どもたちにウケた場面は、よく覚えておきましょう。アドリブで笑いが起こったところは、次回から定番のギャグやストーリーにしてもOKです。

「やっぱり子どもたちは、ここが好きなんだ！」「よし！次回も！」「シャキーン！」

その6 時々裏切ってみる
「いつもと違う」「ほんとうはこうなのに違う」など、時には子どもたちの期待を、いい意味で裏切ることも大切です。いろんなパターンを考えて、アレンジしていきましょう。

「たまには違う具で……たくあんを出してみよう。」

その7 音を効果的に使う
音を効果的に使うと、楽しさが倍増します。誕生会などでは、演じる人と音を鳴らす人とで、役割分担をしてもいいですね。

「音楽担当」「♪♬〜」

その8 メリハリをつける！
ずっと同じ調子だと、子どもたちは飽きてしまいます。声に大小をつける、のんびり話すところと早めに話すところ、怖いところはオーバーに……など、話し方にメリハリをつけましょう。

「ガォ〜」「キャー」

I ケロポンズの必殺技 & おにぎりくんの「食育」「生活習慣」シアター・ネタ

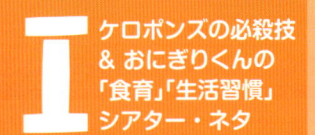

I-1 ケロポンズの必殺技を伝授！

2. パネルシアターの作り方と演じ方のコツ

「パネル」はネルの布をはったボード、「絵人形」は不織布でできています。このふたつの摩擦（抵抗）でくっつくのが、パネルシアターです。はったりはがしたりが安定してできるので、絵人形が多くなってもだいじょうぶです。

パネルの作り方

【材料】ネル地、またはパネル布（ネルの布は手芸店で販売されています。パネル布はパネルシアター用に開発された布で、保育関係の業者が扱っています）、ボード（ベニヤ板や発泡スチロール、段ボールなど）

市販のパネルシアターもありますが、プチパネルなら、パネル布を使って手軽に作ることができます。

通常のパネルなど

①ネル地（パネル布）を広げた上に、ボードを置きます。
②ネル地（パネル布）がたるまないように引っ張りながら、クラフトテープで仮留めします。 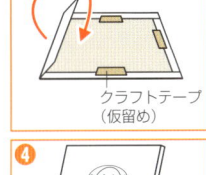
③表にひっくり返して、たるみがないことを確認してから、クラフトテープで本留めします。 
④パネルをイーゼルなどに立て掛け、p.15・78のように黒い布（床まで）をパネルの下にクリップで留め、後ろに台を置き、絵人形がすぐ出し入れできるようにします。 

※ひかりのくにに取り扱いの商品もあります。本書では、80cm×110cmのパネル（パネルシアター用ステージセット）を使用しています。

プチパネル

手軽に楽しみたい場合は、簡単に作れるプチパネルが大活躍です。段ボール（大きさは自由に決めてください）に、通常のパネルと同じ要領でネル地（パネル布）をはれば、すぐに楽しめます。

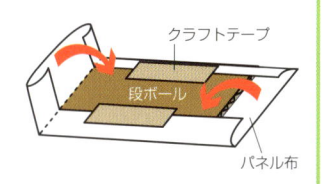

※本書では、B3（約36cm×51cm）の大きさの段ボールを使用しています。

絵人形の作り方

【材料】Pペーパー（洋裁のしんなどに使われる不織布でも可）、油性フェルトペン・絵の具・ポスターカラー・クレヨン・フェルトペンなどの絵を描く画材、ハサミ、接着剤

絵人形の本体になるPペーパーは、表面の毛羽立ちがネル地（パネル布）によくくっつきます。色つきのPペーパーを、いろんな形に切って使ってもおもしろいです（p.42「つみきで あそぼう」など）。

①型紙（p.116～135）を使う大きさに拡大コピーし、Pペーパーを載せ、油性フェルトペンで写し取ります。
②絵の具やクレヨンなどで、色を塗ります。
③色が乾いたら、消えてしまった輪郭を再度なぞります。
④輪郭の周りに余白を残しながら、ていねいに切り取ったら、できあがり。

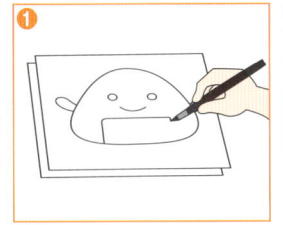

基本的な立ち方・持ち方

パネルは垂直に立てるよりも、少し傾けて、絵人形を載せる感じではりましょう。

通常のパネルなど

演じ手の体で絵人形が見えなくならないように、気をつけましょう。
夢中で演じていると、パネルの前に出てきてしまいがちになるので、始める前に、パネルの左右どちらに立つのかを決め、全体が見える位置を確認しましょう。

Good / No Good
みえな〜い

プチパネル

プチパネルの場合は、片手で持ちながら演じます。演じ手がやりやすいように、持ち方を工夫しましょう。

片手持ちで　　ひざに置いて 　　台を使って

※パネルシアター関連の商品は、ひかりのくにで取り扱っている物もあります。お問い合わせは、最寄りのひかりのくに代理店・営業所までお願いします。

I-1.2 パネルシアターの作り方と演じ方のコツ

しかけと動かし方

完成したパネルにできあがった絵人形をはってみて、感じをつかんでください。ネル地（パネル布）とPペーパーが、お互いの毛羽立ちでよくくっついていますね。あとは手で動かしながら演じるだけなのですが、ひと工夫してしかけを入れることで、もっと楽しく、おもしろいパネルシアターになります。ぜひ取り入れてみてください。

しかけ① 表・裏

表・裏で表情に変化をつけて、話の展開を楽しく演出！
(p.14「おにぎりくんの旅」・p.26「ふわりくも」・p.32「グーチョキパーちゃん」で登場)

作り方

①p.7の「絵人形の作り方」を参考にして、表情が異なる絵人形を作ります。

- 基本のおにぎりくん
- 喜ぶおにぎりくん 
- 輪郭線がない場合は、2枚の裏面を合わせて重ねた状態で透かし、絵柄を切らないように、余白を空けて周りを切る。 

②上下左右を確認し、片方の裏に接着剤を塗ってはり合わせます。 
- 接着剤は、付けすぎると固くなるので注意する。
- 裏の絵が透けすぎてしまう場合は、間にもう1枚Pペーパーを挟む。

動かし方

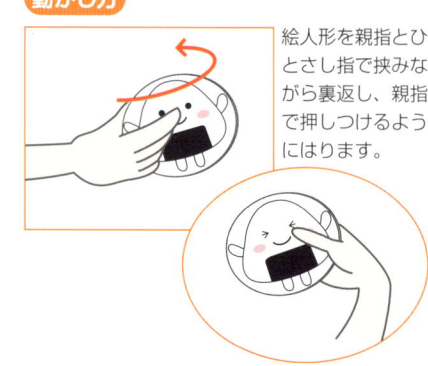

絵人形を親指とひとさし指で挟みながら裏返し、親指で押しつけるようにはります。

しかけ② 重ねばり

絵人形を重ねたりめくったり……見せ方の工夫で立体感を！
(p.11「おにぎりくん おなかの中クイズ」・p.14「おにぎりくんの旅」・p.22「いってきまーす」・p.24「たべたいな！」・p.28「へんしんへんしん」・p.30「動物サーカス」・p.36「なつなつ なつだ!!」・p.38「何が 見える？」・p.40「だれの くつ？」・p.78「コタツの 中」で登場)

作り方

重ねる絵人形の裏に、ひとまわり小さく切ったネル地をはります。

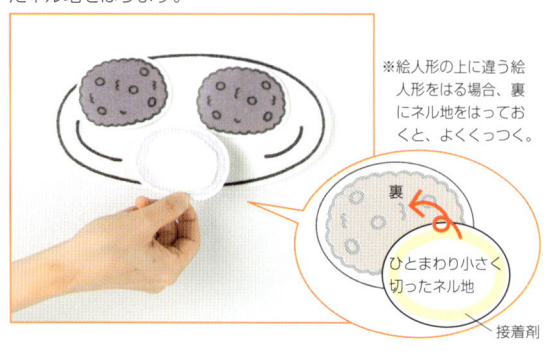

※絵人形の上に違う絵人形をはる場合、裏にネル地をはっておくと、よくくっつく。

ひとまわり小さく切ったネル地
接着剤

動かし方

絵人形の上に絵人形を重ねてはったり、あらかじめ重ねばりしておいた絵人形をめくったりすることで、場面に立体感が生まれます。

▲おいなりちゃんの上におはぎをはる（p.17「おにぎりくんの旅」より）。

▼コタツをめくると中にネコが……（p.78「コタツの 中」より）。

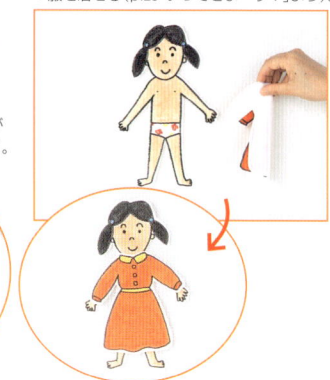

▼服を着せる（p.23「いってきま〜す！」より）。

しかけ③ 重ねずらし

あら不思議、手品のように、絵人形が次々と現れる！
(p.14「おにぎりくんの旅」・p.26「ふわりくも」・p.30「動物サーカス」・p.44「土の中から」で登場)

動かし方

①絵人形を重ねて、裏側が上になるように持ちます。

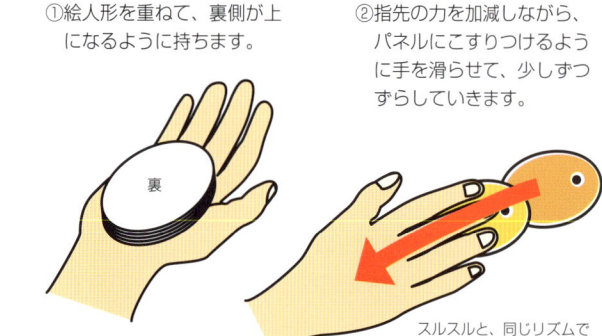

②指先の力を加減しながら、パネルにこすりつけるように手を滑らせて、少しずつずらしていきます。

スルスルと、同じリズムでずらしていく。

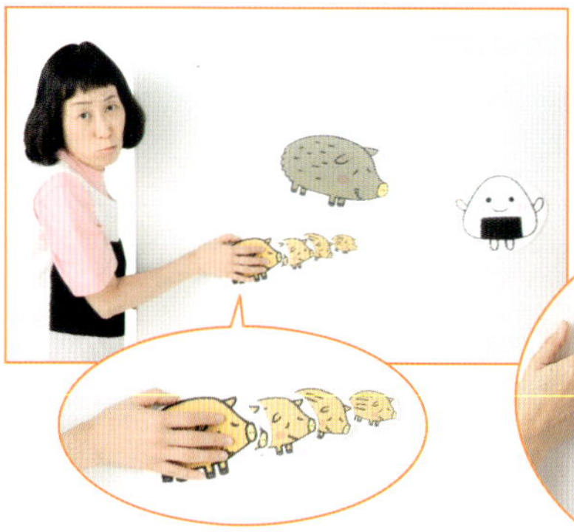

▲一匹かと思ったら、アレアレ……（p.15「おにぎりくんの旅」より）

▼お魚がいっぱい！（p.27「ふわりくも」より）

Ⅰ ケロポンズの必殺技＆おにぎりくんの「食育」「生活習慣」シアター・ネタ

しかけ④ 切り込み

絵人形同士を組み合わせよう！（p.24「たべたいな！」・p.40「だれの くつ？」で登場）

作り方
絵人形に、カッターナイフで切り込みを入れます。

ぞうりの鼻緒部分に切り込みを入れる。

動かし方
切り込み部分に、組み合わせたい絵人形を差し込みます。

たびを差し込んでぞうりを履かせる。

▲p.41「だれの くつ？」より▲

しかけ⑤ ポケット

便利なしかけで、出し入れ自由自在！
（p.42「つみきで あそぼう」・p.44「土の中から」で登場）

作り方
Pペーパーの裏に、下と左右の3辺に接着剤を塗ったネル地をはり、ポケットにします。

Pペーパーの表3辺に接着剤を塗る。
ネル地

動かし方
あらかじめポケットに絵人形を入れておき、お話に合わせて取り出します。

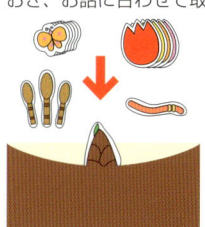

絵人形を入れる。

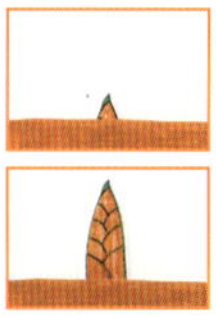

▲タケノコがニョキニョキ……（p.45「土の中から」より）

切り込み＆ポケット

絵人形に切り込みを入れてポケットに！（p.14「おにぎりくんの旅」で登場）

作り方
①おにぎりくんの、のりの部分にカッターナイフで切り込みを入れます。
②「表・裏」の作り方を参考にして、裏にもう1枚の絵人形をはります。

裏　のりの幅に合わせて切り込みを入れる。

動かし方
ポケットに小さなおにぎりの絵人形を入れておき、お話に合わせて取り出します。

「それじゃあ、ぼくの、このおにぎりを……」

しかけ⑥ 糸留め

手足を揺らしたり絵人形をつなげたりして、動きのある内容に！
（p.32「グーチョキパーちゃん」・p.48「ロウソク フー」・p.78「コタツの 中」で登場）

作り方
①絵人形の頭や手足などのパーツを、別々に作ります。

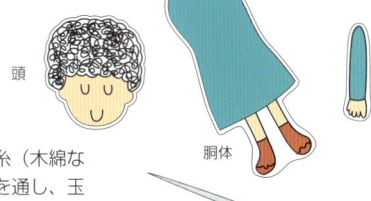

頭　胴体　腕

②パーツを合わせて針と糸（木綿などのしっかりした糸）を通し、玉留めします。

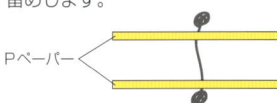

Pペーパー

最後にここも玉留めする。
玉留め

※縫ってしまわないようにし、また、きつすぎたり緩かったりしないように注意する。

動かし方

▲絵人形の頭と胴体をいっしょに持って左右に揺らすと、手が動いて楽しいです（p.80「コタツの 中」より）。

▲糸でつないだ洗濯物の絵人形をコタツの中にしこんでおけば、コタツからスルスルと引き出すことができます（p.80「コタツの 中」より）。

糸でつなぐ

絵人形同士を短い糸でつないでいきます。洗濯物（p.80）以外にも、カキをつないで「干しガキ」や、魚をつないで「いっぱい釣れた！ 大漁だー！！」など、長くつなげばつなぐほど、子どもたちは大喜びします。

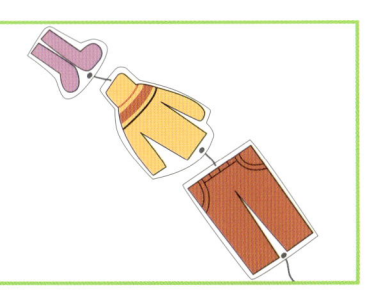

◀ロウソクの炎を回転させて吹き消します（p.48「ロウソク フー」より）。

I ケロポンズの必殺技 & おにぎりくんの「食育」「生活習慣」シアター・ネタ

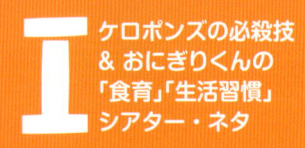

I-1 ケロポンズの必殺技を伝授！

3. ペープサートの作り方と演じ方のコツ

画用紙に絵を描いて、竹ぐし（割りばし）を付けるだけで簡単に作れます。
ペープサートで楽しく遊びましょう。

絵人形の作り方

【材料】画用紙、竹ぐしまたは割りばし、絵の具・フェルトペン・クレヨンなど、のり、ハサミ、カッターナイフ

子どもが持って遊んだとしても、安全であるように、気をつけておきましょう（必ず保育者といっしょに遊ぶようにしましょう）。

①画用紙に型紙を拡大コピーします（普通紙に拡大コピーしたものを、そのまま画用紙にはり付けてもよい）。

②絵の具などで色を塗ります。

③絵の具が乾いたら、周りを切ります。
- 角を丸く切りながらしあげる。
- 輪郭線がない場合は、光に透かして表・裏をよく見ながら切るとよい。
- 良い例（プラスのカーブ）
- 悪い例（マイナスのカーブ）

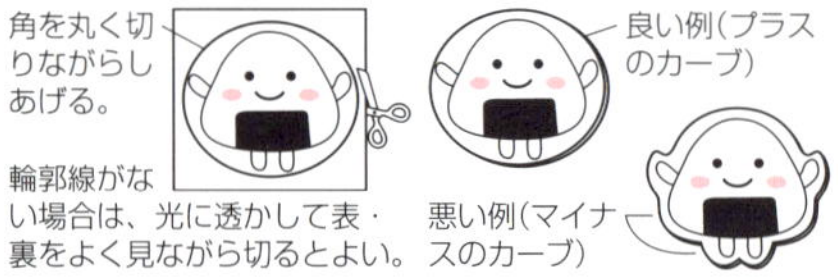

④竹ぐしを右図のように削り、くしを絵人形の間に挟んでのり付けします。
※割りばしを使ってもできます。
- 上部は薄く削る（はり合わせたとき、出っ張るため）。
- 両裏面に、水で1.5倍に薄めたのりを塗る。
- 四面に、のりを多めに塗る。
- 下部は舞台に差して立てられるように、細く削る。
- この部分にはのりを付けない。
- ※割りばしを使う場合は、細い部分を鉛筆削りで削ると便利（危険防止のため、あまり先をとがらせない）。
- 上部は薄く削る。

⑤電話帳などの間に挟んで、1日おもしをしてできあがり。

かんたん舞台の作り方

【材料】牛乳パック（1000㎖）3本、八ツ切色画用紙1枚、クラフトテープ、ハサミ、油粘土

p.13のペープサートでは、三つ以上の絵人形が同時に登場します。ひとりで演じる場合、簡単に作れる舞台が活躍します。

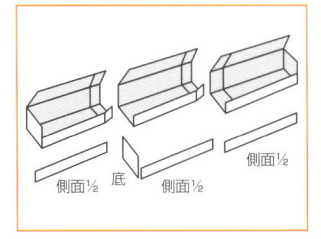

①牛乳パック3本を、それぞれ図のように切る。
- 側面½、底、側面½

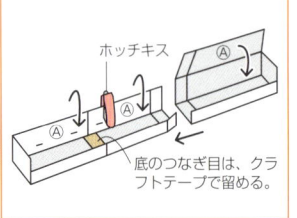

②注ぎ口の部分を重ね、Ⓐを折り込み、ホッチキスで留めてつなげる。
- ホッチキス
- 底のつなぎ目は、クラフトテープで留める。

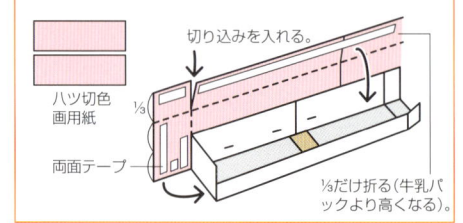

③八ツ切色画用紙を横長に二つに切り、先に折り目をつけてから、端（牛乳パックの底）に合わせて両面テープではりつける（反対側も同様に）。
- 切り込みを入れる。
- 八ツ切色画用紙
- 両面テープ
- ⅓だけ折る（牛乳パックより高くなる）。

④絵人形が立てられるように、丸めた油粘土を置く。
- 油粘土

基本的な持ち方・演じ方

持ち方
親指とひとさし指・中指で持ち、操作します。表裏がある絵人形の場合、親指で持ち手を半回転させて裏面にします。逆に回転させると元の絵に戻ります。このすばやい転回が、ペープサートの特色です。

演じ方
二つの絵人形をそれぞれ両手に持ち、会話をしているように演じます。話しかける方だけを少し動かし、聞く方は動かさないようにしましょう。両方を動かしてしまうと、子どもたちはどちらが話しているかわからなくなります。三つ以上の場合は、舞台を作って粘土に立てるなどしましょう。

こんにちはおいなりちゃん

I ケロポンズの必殺技 & おにぎりくんの「食育」「生活習慣」シアター・ネタ

I-2 おにぎりくんをあなたの必殺技にしよう!

1. プチパネルでクイズ おにぎりくん おなかの中クイズ

おにぎりくんの具を当てる、簡単なクイズです。

用意する絵人形
表 おにぎりくん（のりなし）／梅干し／サケ／コンブ／のり

おなかのなか
作詞・平田明子　作曲・増田裕子

おなかの なかには　なにが はいって る?

※うたわなくても、言葉のやりとりだけで遊んでもOK。

用意するもの
基本：プチパネル（p.7参照）、絵人形…おにぎりくん（のりなし）、のり、梅干し
バリエーション：下記の絵人形も用意すると、A・Bも楽しめます。
Aサケ　Bコンブ
※のり・梅干し・サケ・コンブの裏には、接着剤でパネル布をはり付けておく（p.8「重ねばり」参照）。
※型紙はp.116、プチパネル・絵人形の作り方はp.7〜9。

導入のことばがけ例
おにぎりくんのおなかの中には、どんな具が入っているかな？　みんなで当ててみよう！

遊び方

1 歌をうたいながら、梅干し・のりを重ねたおにぎりくんをはる。
♪おなかの なかには なにが はいってる?

2 のりをずらす。ヒントを出す。
何かな？ 赤いよ。酸っぱいよ。

3 子どもが答えたら、のりをはがす。
うめぼし！
当たり！ 梅干しでした。

バリエーション

A サケ
①同様にうたいながら、サケ・のりを重ねたおにぎりくんをはる。
②のりをずらす。ずらし方を変えてみるのもよい。 
ヒントは、ピンク色です。魚だよ。
③のりをはがす。
サケでした！

B コンブ
①うたいながら、コンブ・のりを重ねたおにぎりくんをはる。
②のりをずらす。 
海でとれる、おいしい物だよ。
③のりをはがす。
コンブでした！

I ケロポンズの必殺技 & おにぎりくんの「食育」「生活習慣」シアター・ネタ

I-2 おにぎりくんをあなたの必殺技にしよう!

2. ペープサートで食育
ごはんを食べて元気に!

おにぎりくんの友達、おいなりちゃんとたくあんばあさんが登場します。ごはんを食べることはとても大切ということを、楽しく伝えましょう。

用意する絵人形

表
- おにぎりくん
- おいなりちゃん
- たくあんばあさん
- お菓子
- ごはんとみそ汁
- 梅干し番茶

裏
- おにぎりくん
- おいなりちゃん
- たくあんばあさん
- お菓子
- ごはんとみそ汁
- 梅干し番茶

用意するもの
絵人形…おにぎりくん(表・裏)、おいなりちゃん(表・裏)、たくあんばあさん(表・裏)、お菓子、ごはんとみそ汁(表・裏)、梅干し番茶
かんたん舞台(絵人形を立てる油粘土だけでも可)
※型紙はp.116、絵人形・かんたん舞台の作り方はp.10。

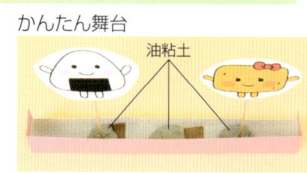

導入のことばがけ例
みんなはごはんをしっかり食べているかな? お菓子が大好きなおいなりちゃん、ごはんを食べないとどうなってしまうかな?

かんたん舞台（油粘土）

遊び方

1 おいなりちゃんとお菓子を出す。

「わたし、おいなりちゃん。おやつが大好き!」

2 お菓子を食べる。

「ムシャムシャ、あ〜おいしい! お菓子なら、いくらでも食べられるわ!」

3 お菓子を下ろして、たくあんばあさんを出す。

「これこれ、もうすぐごはんの時間じゃよ。」

「えー、おなかがいっぱいで、もう食べられないわ。」

4 おいなりちゃんとたくあんばあさんを舞台に立てて、おにぎりくんを出す。

「ただいまー! 外でいっぱい遊んだから、おなかペコペコだー!」

「はいはい、ごはんにしようか。」

Ⅰ ケロポンズの必殺技＆おにぎりくんの「食育」「生活習慣」シアター・ネタ

5 ごはんとみそ汁を出して食べる。

わー、おいしそう！いっただきま〜す！ムシャムシャ……。

6 おにぎりくんを舞台に立てて、ごはんとみそ汁を持ち替え、おいなりちゃんを持つ。

わたし、いらな〜い。おなかがいっぱいになるなら、なんでも同じよ！

これこれ、ごはんを食べないと……。

7 おにぎりくんに持ち替え、ごはんとみそ汁を裏返して空にする。おにぎりくんも裏返し、喜んだ顔にする。

ごちそうさま！おなかいっぱい！力が出たぞー！

8 おにぎりくんを舞台に立てて、ごはんとみそ汁を下ろし、裏返して泣き顔にしたおいなりちゃんと、たくあんばあさんを持つ。

え〜ん。力が出ないし、おなかが痛くなってきちゃった……。

ほれほれ、言わんこっちゃない。

9 おいなりちゃんを舞台に立てて、梅干し番茶を出す。

ばあちゃん秘伝の梅干し番茶を飲みんしゃい。

10 たくあんばあさんを舞台に立て、梅干し番茶に持ち替える。おいなりちゃんを持ち、お茶を飲んだら裏返す。

ありがとう。ゴクゴク……。おなかが痛いの治ったわ！すごいわ！たくあんばあさん！

11 梅干し番茶を下げ、おいなりちゃんを舞台に立てて、裏返したたくあんばあさんを持つ。

しっかりごはんを食べて、大きくなるんじゃよ。おやつはほどほどにな。

気をつけまーす。

しっかり遊んでおいしく食べよう！

I ケロポンズの必殺技 & おにぎりくんの「食育」「生活習慣」シアター・ネタ

I-2 おにぎりくんをあなたの必殺技にしよう！

3. パネルシアター
おにぎりくんの旅
～よくばりカラスの巻～

おにぎりくんの仲間たちがたくさん登場する、楽しいお話です。

用意するもの

パネルなど（p.7参照）

絵人形…おにぎりくん（表・裏）、おいなりちゃん（表・裏）、たくあんばあさん（表・裏）、キツネ（表・裏）、親イノシシ（表・裏）、ウリボウ5匹（表・裏）、カラス（表・裏）、おにぎり大（×4）・小（×5）、たくあんばあさんの家、漬け物の器、皿、おはぎ（×3）

※1 おにぎりくんの、のりの部分に切り込みを入れ、ポケットにしておにぎり大を4個入れておく（p.9「切り込み＆ポケット」参照）。おにぎり小5個は、後ろで準備しておく。
※2 おはぎの裏側にパネル布をはる（p.8「重ねばり」参照）。
※型紙はp.116～117、作り方はp.7～9。

※1 おにぎりくんの、のりの部分のポケットと、おにぎり大
※2 おはぎと、おはぎの裏側にはったパネル布

用意する絵人形

表：おいなりちゃん、おにぎりくん、たくあんばあさん、ウリボウ5匹、たくあんばあさんの家、おにぎり小×5、カラス、親イノシシ、キツネ、おはぎ×3、漬け物の器、おにぎり大×4、皿

裏：おいなりちゃん、おにぎりくん、たくあんばあさん、ウリボウ5匹、たくあんばあさんの家、おにぎり小×5、カラス、親イノシシ、キツネ、おはぎ×3、漬け物の器、おにぎり大×4、皿

※表だけでいいものは、基本的に、裏に何もはりません（おはぎは左の※2を参照）。

導入のことばがけ例

おにぎりくんは、旅が大好きです。おにぎりを持って、いろんなところに旅に出かけますよ。今日はどこに来ているのかな？　みんなでおにぎりくんを呼んでみよう。せ～の！

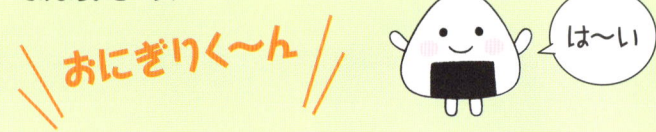

おにぎりく～ん
は～い

おにぎりくん

作詞・平田明子　作曲・増田裕子

こころホカホカ　おにぎりくん　きょうもてくてく　どこいこう―　げんきがいっぱい―　おにぎりどうぞ―
みんなもえがおで　いーっぱいだ　おお　おにぎりくん　おいしいにんきもの　おお　おにぎりくん　すてきだね―
ちからがにぎにぎ　わいてくる　みんなだいすき　おにぎりくん　おにぎりくん！

※うたわなくても、言葉のやりとりだけで遊んでもOK。

Ⅰ ケロポンズの必殺技＆おにぎりくんの「食育」「生活習慣」シアター・ネタ

遊び方

※「　」（ナレーション）を言った後、吹き出し内のセリフを言います。保育者ひとりでも演じられます。

1 「おにぎりくんは、旅をしています」
おにぎりくんをはり、歌をうたう。

♪こころ ホカホカ〜

※黒い布（床まで）をパネルの下にクリップで留め、後ろに台を置き、絵人形がすぐ出し入れできるようにします。

2 「向こうから、キツネがやって来ました」
ヨレヨレさせながらキツネをはる。

クーン。おなかがすいて、ペコペコ。

キツネさん、どうしたの？

3 おにぎりくんのおなかから、おにぎりを出す。

それじゃあ、ぼくが持っているおにぎりをあげるよ。
おにぎり にぎにぎ にぎりんこ！

4 「キツネがおにぎりを食べると、シャキーン！！ すっかり元気になりました」
キツネはおにぎりを受け取り、食べるしぐさをした後、裏返して元気な顔にして、外す。

ありがとう！

シャキーン！

5 「しばらく歩いていくと、イノシシの親子がやって来ました」
親イノシシをはり、ウリボウを重ねずらし（p.8参照）ではる。

すみません。何か食べ物はありませんか？

おなかすいたよ〜

重ねずらし

6 おにぎりくんのおなかの中から、おにぎりをひとつ出し、親イノシシに渡す。ウリボウには、小さなおにぎりを渡す。

おにぎりをどうぞ。

おにぎり にぎにぎ にぎりんこ！

15

I-2.3 おにぎりくんの旅

7 「イノシシの親子はおにぎりを食べると、シャキーン!!」
親イノシシとウリボウは、おにぎりを受け取ったら食べるしぐさをし、順番に裏返していく。

- ありがとうございます。
- シャキーン!
- いただきます! おいしいよ!

8 「ドドドドドー! 元気が出たイノシシの親子は、走っていきました」
親イノシシとウリボウを外す。

- 元気が出たよ! どうもありがとう!
- わーい!

9 「おにぎりくんがまたしばらく歩いていくと、今度はだれかが泣いています。おいなりちゃんです」
泣いているおいなりちゃんをはる。

- どうしたの?
- たくあんばあさんのところへ行こうとしたら、道に迷ってしまったの。
- じゃあ、いっしょにたくあんばあさんの家を探そう!

10 おいなりちゃんを裏返す。

- ありがとう!
- たくあんばあさんの家へ、しゅっぱ〜つ!

11 「たくさん歩いたので、少し休憩です」
おにぎりをおなかから出して、ふたりで食べる。

- ここらでちょっとひと休み。おにぎりをどうぞ。おにぎり にぎにぎ にぎりんこ!
- ありがとう! いただきます!

12 「すると……」
カラスがふたりのおにぎりを取っていく。

- カー
- あっ!

Ⅰ ケロポンズの必殺技＆おにぎりくんの「食育」「生活習慣」シアター・ネタ

13 おにぎりくんとおいなりちゃんを裏返して、カラスを追いかける。
「ふたりは追いかけましたが、カラスは飛んでいってしまいました」

待ってー！大事なおにぎりを返してー！

え〜ん。もうおなかがすいちゃったよ〜。

14「フラフラになったそのとき……」
たくあんばあさんと家をはる。

あっ！見て！たくあんばあさんの家だよ。

たくあんばあさ〜ん！おなかがすいて、フラフラだよ。

おう！よく来たのう！ちょうどおはぎを作っておったのじゃよ。いっしょに食べよう。

15 皿におはぎを重ねてはり、おはぎをひとつずつ渡す。
おにぎりくんとおいなりちゃんを裏返して、笑顔にする。

わあ、ありがとう！いただきます。

アズキがほっこり、おいしいわ。

16「そこに……」
泣いたカラスがやって来る。

カーカーカー

あっ、さっきのおにぎりどろぼう。

おやおや、これはちょうどいい。

欲ばってぜーんぶ食べたから、動けなくなっちゃった。

17 漬け物の器を出し、カラスを乗せる。

たくあんを漬ける、漬け物石になってもらおう。

もう悪さをしたらだめじゃよ。食べ過ぎもだめ。腹八分目がちょうどいい。

はい、もうしません。カー。

18「それから、カラスはたくあんばあさんの家で暮らすことになりました。おにぎりくんはまた旅に出かけます」
漬け物の器をはがし、カラスを裏返す。おにぎりくんとおいなりちゃんを見送る。
全員で歌をうたって……「おしまい」

たくあんばあさん、カラスちゃん、じゃあまたね。

わたしもおにぎりくんといっしょに行くわ。

バイバーイ！

I ケロポンズの必殺技＆おにぎりくんの「食育」「生活習慣」シアター・ネタ

I-2 おにぎりくんをあなたの必殺技にしよう！

4. どんなシアターでもOK！
おにぎりくんで生活習慣

生活習慣が身につく、おにぎりくんの楽しいお話を六つ紹介します。パネルシアター（作り方・演じ方はp.7～9）でもペープサート（作り方・演じ方はp.10）でも、どちらでも演じられます。

あいさつ
お顔を見てね！

あいさつは、相手の顔を見て笑顔ですると、気持ちがいいですよ。

用意する絵人形
おにぎりくん（表・裏）、おいなりちゃん（表・裏）、アリ
※型紙は、p.116～117。

❶
- あ、アリさんだ！
- おにぎりくんおはよう
- わ～い

❷
- アリさんかわいいなぁ～
- おにぎりくんおはよう！！
- あぁ、おいなりちゃんおはよう～

❸
- あれ？おいなりちゃんどうしたの？
- もう！ちゃんと顔を見て「おはよう」って言ってよ～
- うぇ～ん

❹
- あ、ごめんごめん。おいなりちゃんおはよう♥
- おはよう♥おにぎりくん

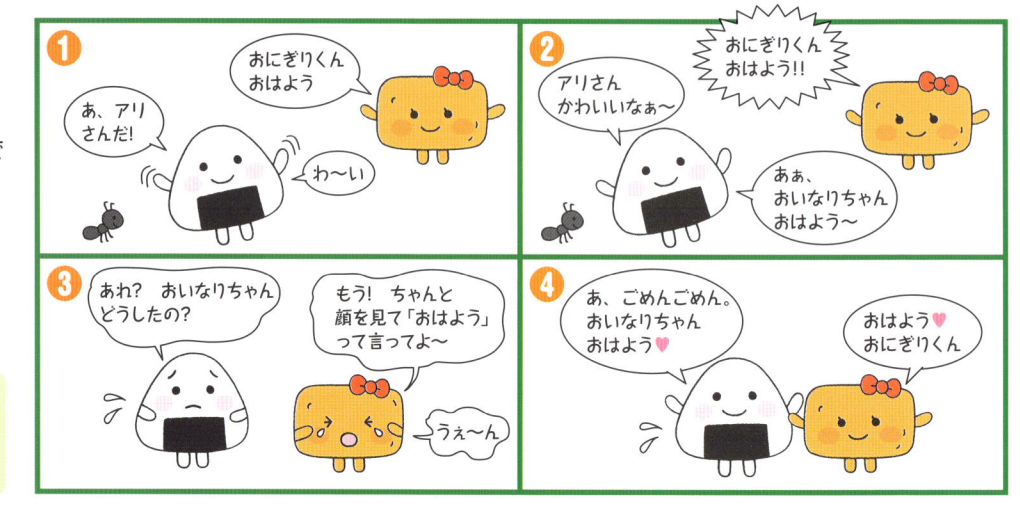

早寝・早起き
朝から元気に！

早寝・早起きをすると、朝から元気いっぱいで遊べますね。

用意する絵人形
おにぎりくん（表・裏）、たくあんばあさん、ごはんとみそ汁、太陽
※型紙は、p.116～117。

❶
- コケコッコ～
- きのう早く寝たから、今日は早く起きられたぞ！

❷
- お日さまだ！たくあんばあさん、気持ちいいね！
- おお早いのお

❸
- 朝が早いとごはんもおいしいね！
- 早寝・早起きすると気持ちいいじゃろう？

❹
- じゃあ、ぼくもう寝るよ！
- ガクッ
- それは早すぎじゃ

手洗い・うがい
帰ってきたら？

外でいっぱい遊んで帰ってきたら、手洗い・うがいをしっかり習慣づけたいですね。

用意する絵人形
おにぎりくん（表・裏）、たくあんばあさん、おはぎ、皿、コップ
※おにぎりくんの表側の手に、泥んこに塗った手を重ねてはっておき、④のときにはがす。
※型紙は、p.116～117。

❶
- ただいま～今日もよく遊んだなぁ
- 手がまっくろ！

❷
- わぁ、おいしそうなおはぎだ！いただきま～す

❸
- ほ、ほんとだ……
- こら！！おにぎりくん！手を見てごらん！まっくろじゃよ！そんな手で食べたらどうなる？

❹
- 食べる前に手洗い・うがいだね！
- そうそうよろしい

Ⅰ ケロポンズの必殺技＆おにぎりくんの「食育」「生活習慣」シアター・ネタ

かたづけ
おっと危ない！

おもちゃなどを出しっぱなしにしておくと、危険がいっぱいです。遊んだ後は、しっかりとかたづけましょう。

用意する絵人形
おにぎりくん（表・裏）、おいなりちゃん、たくあんばあさん、バス、車
※型紙は、p.116〜117。

❶ ブップー　ブップー

❷ ねぇ、外で遊ぼう！／ポイッ／ポイッ／うん！いいよ！

❸ あいたたたたっ　ちゃんとかたづけてないから……／コロン／あっ！たくあんばあさん

❹ たくあんばあさんごめんなさい　だいじょうぶ！？　今度から、ちゃんとかたづけるね／だいじょうぶじゃ〜

着替え
トンネルはいくつ？

楽しく着替えるためのアイデアです。お話をした後で、子どもたちが実際に着替えるようにしてみましょう。

用意する絵人形
おにぎりくん、たくあんばあさん、服の上・下
※パネルシアターの場合は、上の服の裏側にパネル布をはっておくと、おにぎりくんに重ねてはれる。
※型紙は、p.116〜117。

❶ おにぎりくん、クイズじゃよ　服にはトンネルがあるんじゃが、それはど〜こじゃ？／え〜と……

❷ わかった！足がふたつだ！／あたりじゃ　まだまだあるぞ

❸ 手もふたつあるね！／いいぞ！さすがおにぎりくん！

❹ ほかにもいろいろあるんじゃ／みんなも探してみてね

トイレ
もれちゃうもれちゃう！

遊びに夢中になっていると、ついトイレをがまんしてしまうことがよくあります。したくなったら、すぐトイレに行けるようにしたいですね。

用意する絵人形
おにぎりくん（表・裏）、たくあんばあさん、トイレの扉、もらしたおしっこ
※型紙は、p.116〜117。

❶ おしっこしたい　でも遊びたい……／といれ／わぁー漏れる！／おやおや

❷ 間に合わなかった……／といれ／もっと早く行けばいいのじゃよ

❸ そうか！わかった！／スピードアップ！ビューン／といれ／あらま……

❹ トイレに行きたくなったらすぐに行くということじゃよ／そういう意味じゃなくて……／といれ／あっそうか！ヘヘヘヘ……

I ケロポンズの必殺技 & おにぎりくんの「食育」「生活習慣」シアター・ネタ

I-2 おにぎりくんをあなたの必殺技にしよう！

5. おにぎりくんのえかきうた

かわいいおにぎりくんたちの絵描き歌です。子どもたちが描いたおにぎりくんを絵人形にして、パネルシアターやペープサートを演じてもいいですね。

おにぎりくん

1. くろまる ちょんちょん みみずが ひょん — 目と口を描く。
2. ぐるりと さんかくで かこんだら — 三角で囲む。
3. ニョロ ニョロ ニョロ ニョロ へびが でて — 手と足を描く。
4. しかくい トンネル まっくらだ — 四角いのりを描く。
5. あっと いう まに おにぎりくん — ほほを描く。

おいなりちゃん

1. りんごが ふーたつ みみずが ひょん — 目と口を描く。
2. おべんとばーこに いれちゃって — 四角で囲む。
3. ニョロ ニョロ ニョロ ニョロ へびが でて — 手と足を描く。
4. かわいい リボンを かざったら — リボンを描く。
5. あっと いう まに おいなりちゃん — ほほを描く。

たくあんばあさん

1. くろまる ちょんちょん くしだんご ほい — 目と眼鏡を描く。
2. まあるい おさらに のせちゃって — 丸で囲む。
3. ニョロ ニョロ ニョロ ニョロ へびが でて — 手と足を描く。
4. しわしわしわしわ くち かいて — 目もと・口もとのしわと口を描く。
5. あっと いう まに たくあんばあさん — 頭の模様とほほを描く。

おにぎりくんのえかきうた

作詞・平田明子　作曲・増田裕子

Ⅱ お手軽プチパネル

プチパネルひとつでお手軽に楽しめる！

食育、生活習慣季節、行事……どんな場面もOK！

おにぎりくんと遊ぼう！コーナーも付いてるよ！

II お手軽プチパネル

1. 着替え、あいさつ指導に！
いってきまーす！

4月は新しい園生活の始まりです。子どもたちが楽しく生活習慣を身につけるきっかけにしたいですね。

基本の絵人形：ウサギ、パジャマ上下、服上下

用意するもの
基本：プチパネル（p.7参照）、絵人形… ウサギ、パジャマ上下、服上下
バリエーション：下記の絵人形も用意すると、右ページも楽しめます。
Ⓐブタ、パジャマ上下、服上下　Ⓑネコ、パジャマ、服上下　Ⓒクマ、パジャマ上下、服上下、帽子　Ⓓ女の子、パジャマ上下、ワンピース
アレンジ：●男の子、パジャマ上下、服上下　●女の子の服上下

※パジャマと服の裏には、接着剤でパネル布をはり付けておく（p.8「重ねばり」参照）。
※型紙はp.118、絵人形の基本の作り方は、p.7～9。

導入のことばがけ例
みんな朝起きてから何をする？「おはよう！」「着替える」。そうだね、今日はお着替えのパネルシアターだよ。

遊び方

1 パジャマを着たウサギをはる。 
♪あさ めが さめてー おはよう
♪きょうの はじまりー おはよう

2 着替える服をはる。 
♪パジャマを ぬいだらー きょうは なにを きょうかなー？

3 パジャマを外し、服を着せる。 
♪きがえて きがえて きがえて きがえて

4 着替え終わって、あいさつをする。
♪はい いってきまーす！

いってきまーす！
作詞・平田明子　作曲・増田裕子

あさ めが さめてー おはよう きょうの はじまり ー
ー おはよう パジャマ ぬい だらー きょうは
なにを きょう かなー？　きがえて きがえて（*何回くりかえす）
きがえて きがえて はい いってきまーす

※特に練習しなくても、簡単に遊べます。
　うたわずに、言葉のやりとりで遊んでもOK。

バリエーション

※左ページの遊び方で、A〜D のようにも遊べます。
続けてやってみたり、組み合わせてやってみたりしても楽しいです。

Ⅱ お手軽プチパネル

A ブタ
①パジャマを着たブタと服をはる。

「ブタくん、おはよう。さあ、パジャマを着替えて……」

②パジャマを外して、服を着せる。

「いってきまーす！」

B ネコ
①パジャマを着たネコと服をはる。

「ネコちゃん、おはよう。さあ、パジャマを着替えて……」

②パジャマを外して、服を着せる。

「いってきまーす！」

C クマ
①パジャマを着たクマと服をはる。

「クマくん、おはよう。さあ、パジャマを着替えて……」

②パジャマを外して、服を着せる。

「いってきまーす！」

D 女の子
①パジャマを着た女の子と服をはる。
②パジャマを外して、服を着せる。

「○○ちゃん、おはよう。さあ、パジャマを着替えて……」

「いってきまーす！」

「今日も園でいっぱい遊ぼうね！」

アレンジ

組み合わせを替えたりキャラクターを増やしたりしてみよう！

●絵人形の、パジャマや服を取り替えてみるとおもしろいです。

●男の子も作り、クラスにひと組作っておくと、クラスのキャラクターとして、身近に感じることができ、いろいろな場面で使えます。
●慣れてきたら、子どもたちに好きな服を着せてもらってもいいですね。

おにぎりくんで遊ぼう！

「おにぎりくんは、どんな服が似合うかな？ のり？ ふりかけ？ それとも薄焼き卵？」と、いろいろ考えてみましょう。

II お手軽プチパネル

2. お弁当、給食、食育ネタに！
たべたいな！

世の中にはいろいろな食べ物があることを、楽しい歌に合わせて知らせていきましょう。

基本の絵人形
コップ　スプーン　皿　カレーライス

用意するもの
基本：プチパネル（p.7参照）、絵人形…コップ、皿、スプーン、カレーライス
バリエーション：下記の絵人形も用意すると、右ページも楽しめます。
Ⓐラーメン鉢、麺、はし　Ⓑコーン、ソフトクリーム　Ⓒ皿、フライドポテト、ハンバーガー、ジュース　Ⓓ弁当箱とふた、はし箱とはし、おにぎり、弁当のおかず
※カレーライス・麺・弁当箱のふた・はし箱の裏には接着剤でパネル布をはり付けておく（p.8「重ねばり」参照）。
※弁当箱には切り込みを入れておく（p.9「切り込み」参照）。
※型紙はp.119、絵人形の基本の作り方はp.7〜9。

導入のことばがけ例
みんなが大好きな食べ物は何かな？　う〜ん、おなかがすいてきた！　歌に乗せて、どんな食べ物が出てくるか当ててね！

たべたいな！
作詞・平田明子　作曲・増田裕子

（楽譜）
たべたいな　イエイイエーイ　たべたいな　ウォウウォウー
おいしい おいしい おいしい おいしい たべもの
なにかな？ウッ！「カレーライス！」おいしい おいしい
おいしい おいしい カレーライスは おいしいな ウッ！

※特に練習しなくても、簡単に遊べます。うたわずに、言葉のやりとりで遊んでもOK。

遊び方

1 うたいながら、コップ・皿・スプーンをはる。

♪たべたいな イエイイエーイ
たべたいな ウォウウォウー
おいしい おいしい おいしい おいしい
たべもの なにかな？ウッ！

なんの食べ物かな？
ヒントは、ちょっと辛いけどみんなの大好きな食べ物だよ。

2 カレーライスをはる。

カレーライス！

♪おいしい おいしい
おいしい おいしい
カレーライスは
おいしいな ウッ！

バリエーション

※左ページの遊び方で、A～Dのようにも遊べます。
続けてやってみたり、組み合わせてやってみたりしても楽しいです。

Ⅱ お手軽プチパネル

A ラーメン

①ラーメン鉢とはしをはる。

あつあつで、ツルツルーッと食べるよ！

②麺をはる。

ラーメン

B ソフトクリーム

①コーンをはる。

冷たくて甘～いグルグル巻き！

②ソフトクリームをはる。

ソフトクリーム

C ハンバーガー

①フライドポテトと皿をはる。

口を大きく開けて食べるよ。フライドポテトも人気があるね。

②ジュースとハンバーガーをはる。

ハンバーガー

D お弁当

はし箱と弁当箱をはってふたを取る。
弁当箱からエビフライなどを取って、食べるしぐさをする。

お弁当！

♪おいしい おいしい
おいしい おいしい
おべんとう は
おいしいな ウッ！

弁当箱には各所に切り込みを入れておき、おにぎりやおかずを差し込む（p.9「切り込み」参照）。

おにぎりくんで遊ぼう！

「おにぎりくんと仲よしの食べ物は何かな？」と、みんなの好きなおかずを聞いてみましょう。

II お手軽プチパネル

3. いつでも！出し物ネタに！①
ふわりくも

晴れた日に空を見上げると、雲がいろいろな形に見えてきます。身近な自然に関心を持ち、楽しく遊んでみましょう。

基本の絵人形
車の形をした雲　　車

用意するもの
基本：プチパネル（p.7参照）、絵人形… 車の形をした雲、車
バリエーション：下記の絵人形も用意すると、右ページも楽しめます。
Ⓐ恐竜、恐竜の形をした雲　Ⓑ魚、魚の形をした雲　●パン、パンの形をした雲　●ソフトクリーム、ソフトクリームの形をした雲　●ネズミ、ネズミの形をした雲　●ネコ、ネコの形をした雲
※雲とその答えの物を、表と裏ではり合わせる（p.8「表・裏」参照）。すべて同様。
※型紙はp.120、絵人形の基本の作り方はp.7〜9。

導入のことばがけ例
風が気持ち良くなってきたね。空にふわり雲が浮かんでいるよ。雲をジーッと見てたら、あれあれ？　何になっちゃうかな？

遊び方

1 歌をうたいながら、パネルの前で、雲をフワフワと揺らしてからはる。

♪ふわり ふわりくも とんできて

2 ジーッとのぞくしぐさをする。雲の形から想像できるものをみんなで考える。

何に見えてきた？

♪じっと みてたら じっと みてたら あれあれ？

3 雲を裏返す。考えた物と同じか違うかで盛り上がって、また歌に戻る。

♪くるまに なっちゃった

ふわりくも
作詞・平田明子　作曲・増田裕子

ふわりふわり　くも　とんでき
て　じっ と みてたら じっ と みてたら
あれあれ？　くるま　になっちゃった

※特に練習しなくても、簡単に遊べます。
　うたわずに、言葉のやりとりで遊んでもOK。

II お手軽プチパネル

バリエーション

※左ページの遊び方で、A・Bのようにも遊べます。
続けてやってみたり、組み合わせてやってみたりしても楽しいです。

A 恐竜

①歌をうたいながら、雲をパネルの前で揺らしてからはる。

②雲を裏返す。

♪きょうりゅうに なっちゃった

B 魚

①歌をうたいながら、雲を数枚重ねて持ってパネルの前で揺らしてからはる。

ずり落ちないようにパネルを少し傾けて載せる感じにするといいよ。

②手のひらに雲が上になるように重ね（指先のほうが頭になるように注意）、指先の力を加減しながらパネルにこすりつけるようにして手を滑らせる（p.8「重ねずらし」参照）。

♪おさかなに なっちゃった

その他のバリエーション

いろいろな雲を考えてみよう！

いろいろなものを子どもに描いてもらうのも楽しいですね。きっと大人が思いつかないようなおもしろい雲になりますよ！　迫力のある夏の入道雲や、秋空の雲など季節によっていろいろと遊んでみてくださいね。

♪クリームパンになっちゃった
♪ソフトクリームになっちゃった
たすけてチュ～
まてニャー
♪ネコとネズミになっちゃった

おにぎりくんで遊ぼう！

おにぎりくんの裏にも雲を描いて遊び、「ほかにどんな形のおにぎりがあるかな？　まん丸？　俵形？」と、みんなに聞いてみましょう。

おにぎりくんでした～
おいなりちゃんでした～
たくあんばあさんでした～

II お手軽プチパネル

3. いつでも！出し物ネタに！②
へんしんへんしん

どんな人に変身するかな？　想像力を働かせて、みんなで楽しく当ててみましょう。

基本の絵人形
顔　帽子

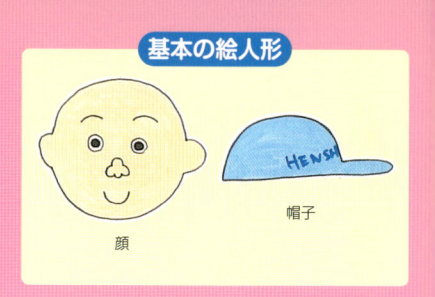

用意するもの
基本：プチパネル（p.7参照）、絵人形…顔、帽子
バリエーション：下記の絵人形も用意すると、右ページも楽しめます。
Aお母さんの髪の毛、唇　Bお父さんの髪の毛、ひげ、眼鏡　C赤ちゃんのおしゃぶり　Dおじいちゃんのしわ（毛糸）　E宇宙人の目、口、足　Fロックンローラーのサングラス、髪の毛　Gライオンのたてがみ、鼻
※帽子や髪の毛など、重ねてはるものの裏にはパネル布をはり付けておく（p.8「重ねばり」参照）。
※型紙はp.121、絵人形の基本の作り方はp.7〜9。

導入のことばがけ例
みんなは変身が好きかな？　今日は、『へんしんへんしん』の歌に乗せて、だれ（何）に変身するか見てみてね。

遊び方

1 顔をパネルにはり、歌をうたう。

「変身してみるよ。まずはこれ！」
♪なーりたいな なーりたいな いろんなかおに なりたいな

2 歌の途中で「だれかな？」と、子どもたちとやりとりをして、最後に帽子をはる。

♪へんしん へんしん へんしん へんしん へんしん へんしん へんしん へんしん
「帽子をかぶるとだれかな？」

3 最後の「できた〜！」で、変身した顔を見せる。

♪とう！できた〜！
わー、お兄ちゃんになった！

へんしんへんしん
作詞・平田明子　作曲・増田裕子

なーりたいな　なーりたいな　いろんなかおに　なりたいな　へんしんへんしん　へんしんへんしん　へんしんへんしん　へんしんへんしん　とう！　できた〜！

※特に練習しなくても、簡単に遊べます。うたわずに、言葉のやりとりで遊んでもOK。

バリエーション

※左ページの遊び方で、A～Gのようにも遊べます。
続けてやってみたり、組み合わせてやってみたりしても楽しいです。

Ⅱ お手軽プチパネル

A お母さん
髪をはる。
「あら、ママよ。」

B お父さん
髪とひげと眼鏡をはる。
「ほーい、パパだぞ〜。」

C 赤ちゃん
おしゃぶりをはる。
「バブー、赤ちゃんでちゅ。」

D おじいちゃん
しわ（毛糸）をはる。
「おじいちゃんじゃよ。」

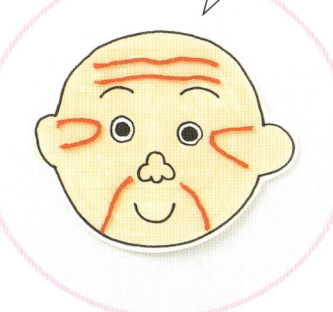

E 宇宙人
足と目と口をはる。
ピピピ
「宇宙人デス。地球ハ楽シカッタ。ソロソロ宇宙ニ帰リマス、サヨウナラ〜」

F ロックンローラー
髪とサングラスをはる。
「イェーイ！ロックンロールしようぜ！」

G ライオン
たてがみ（顔の部分だけくり抜いたもの）と鼻をはる。 
ガオー
「ライオンだぞ〜」

※A お母さんの髪の位置を下のほうにすると妹、上のほうにするとお姉さんっぽく見えます。
※お母さん・お父さん・赤ちゃん・おじいちゃんは、「お兄ちゃんとそっくりでしょ」などと言うと盛り上がります！

おにぎりくんで遊ぼう！
「おにぎりくんには何が似合うかな？　帽子？　リボン？　眼鏡？　それとも……」と、いろいろ試してみましょう。

II お手軽プチパネル

3. いつでも！出し物ネタに！③ 動物サーカス

サーカスに出てくる芸をきっかけに、運動遊びに取り入れても楽しいです。

基本の絵人形
サル　アシカ　玉（大・小）

その他は、左の用意するものを参照。

用意するもの
基本：プチパネル（p.7参照）、絵人形…サル、アシカ、玉（大・小）
バリエーション：下記の絵人形も用意すると、右ページも楽しめます。
● キリン、輪（×6）　● リス（×2）、玉（いろんな色でたくさん）　● ゾウ、ハト（×5）
※キリンの輪の表には、パネル布をはり付けておく（p.8「重ねばり」参照）。
※型紙はp.121、絵人形の基本の作り方はp.7〜9。

導入のことばがけ例
みんなはサーカスを見たことがあるかな？ サーカスでは、いろんな動物たちが芸を見せてくれるんだよ。今日は、動物サーカスへ行ってみようね。どんな芸を見せてくれるかな？

動物サーカス
作詞・平田明子　作曲・増田裕子

（楽譜）
みなさん ようこそ どうぶつ サーカス
たのしいショーーの はじまりだ ラララ サーカス ゆめの
サー カス われらがどうぶつ サー カスー

※特に練習しなくても、簡単に遊べます。
うたわずに、言葉のやりとりで遊んでもOK。

遊び方

1 サルをはり、歌をうたう。うたい終わったらサルを外す。

♪みなさん ようこそ どうぶつ サーカス たのしい ショーの はじまりだ

♪ラララ サーカス ゆめの サーカス われらが どうぶつ サーカスー

2 ①玉の上にアシカをはる。

まずはアシカの玉乗りです。

②鼻先に玉をはる。

今度は玉を乗せてみるよ ホイッ、大成功！

II お手軽プチパネル

※②〜④の順番を入れ替えて遊んでみてもいいでしょう。

3 キリン

①アシカを外し、キリンをはる。首に輪をはっていく。

「お次は、キリンの輪投げです。それっ それっ」

②最後の輪まではる。

「大成功!」

4 リス

①キリンを外し、リスをはる。

「次は、リスさんだよ。」

②手に隠し持った玉を、重ねずらし(p.8参照)で弧を描いてはる。

「わぁ、じょうず〜」

③リスをもう1匹はる。両方から重ねずらしで玉をはる。

「2匹そろってたくさん飛ばしま〜す!」

5 サル・ゾウ

①リスたちを外して、サルをはる。

「最後にサル団長が、ゾウを持ち上げてご覧にいれます。」

②サルの手の先にゾウをはる。

「それっ。大成功、拍手〜」

③手に隠し持ったハトを重ねずらししてはる。

「ゾウの鼻からハトが飛び出しました。動物サーカス、大成功!」

ワ〜オ!　ワ〜オ!

おにぎりくんで遊ぼう!

「おにぎりくんの得意な芸は何かな? 玉乗り? 綱渡り?」と、みんなで考えてみましょう。

II お手軽プチパネル

3. いつでも！出し物ネタに！④
グーチョキパーちゃん

じゃんけんの勝敗がまだわからない子どもも、この話を通して、目で見て簡単に覚えることができます。

基本の絵人形
グー（表）／（裏）　チョキ（表）／（裏）　パー（表）／（裏）

用意するもの
基本：プチパネル（p.7参照）、絵人形… グー（表・裏）、チョキ（表・裏）、パー（表・裏）
※表と裏の表情を変えてはり合わせる（p.8「表・裏」参照）。

表　裏

※顔と体は動かせるように糸留めしてもよい（p.9「糸留め」参照）。
※型紙は p.122、絵人形の基本の作り方は p.7〜9。

導入のことばがけ例
イエーイ！！ みんな元気ィ〜？（ひとさし指と中指で作ったVサインを見せる）あれれ、これって、ジャンケンのチョキと同じだね。……ということで、今日はグー・チョキ・パーで遊ぶよ。

遊び方
※「　」内はナレーションです。ナレーションを言った後、吹き出し内のセリフを言います。

1 グー・チョキ・パーを順番に出し、歌をうたいながら自己紹介をしていく。

♪グーッとーしてる グーッ
♪チョキッとーしてる チョキ
♪パーッとーしてる パー

2 "ジャンケンポン"で、パーちゃんを外す。

♪グーチョキパーちゃん ジャンケン ポン

3 チョキを裏返して泣き顔にし、チョキを外す。
「チョキちゃんは行ってしまいました」

グーチョキパーちゃん
作詞・増田裕子　作曲・平田明子

グーッとーしてる　グーッ　チョキッとーしてる　チョキ
パーッとーしてる　パー　グー チョキパーちゃん ジャンケン ポン

※特に練習しなくても、簡単に遊べます。うたわずに、言葉のやりとりで遊んでもOK。

グーちゃん、硬いし強すぎるわ

II お手軽プチパネル

4 「そこへ、パーちゃんがやってきました」
パーをはる。

> よし、力比べをするよ。
>
> それ！えい！

5 パーはグーを包むようにする。グーを裏返して泣き顔にし、グーを外す。
「グーちゃんは行ってしまいました」

> わーん、包まれちゃって動けない〜。パーちゃん強いよ〜。

6 「そこへまたチョキちゃんが来ました」
チョキをはる。

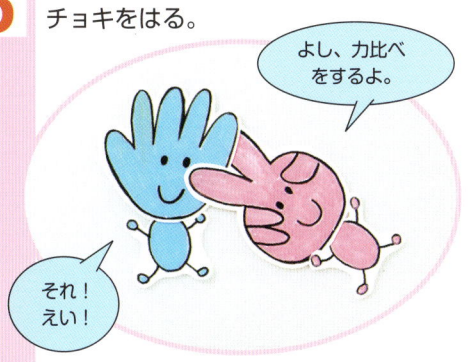

> よし、力比べをするよ。
>
> それ！えい！

7 パーを裏返して泣き顔にし、外す。チョキも外す。

> わーん、切れちゃう。チョキちゃん強い〜。

8 「今度はみんなが来ました」
3つをはる。

> みんな強いね。グーちゃんはチョキちゃんより強くて、チョキちゃんはパーちゃんより強くて、パーちゃんはグーちゃんより強くて……。よーし今度は、グー・チョキ・パーちゃんとみんなとでジャンケンをするよ。

3つとも後ろに引っ込める。

9 歌をうたい、最後の"ジャンケンポン"で、後ろから絵人形をどれかひとつ出してはる。

> ジャンケン ポン！

何度も出したり引っ込めたりして、絵人形対子どもたちのジャンケンをして遊ぶ。

おにぎりくんで遊ぼう！
ジャンケンで、わざとまちがえておにぎりくんを出してみましょう。子どもたちの反応が見物です。

II お手軽プチパネル

4. 梅雨におすすめ！
だれの かさ？

雨が降ると大活躍する傘です。どんな傘をだれが使うのか、みんなで考えてみましょう。

基本の絵人形
小さい傘　アリ

用意するもの
基本：プチパネル（p.7参照）、絵人形…小さい傘、アリ、
バリエーション：下記の絵人形も用意すると、下・右ページも楽しめます。
Ⓐキリン、長い傘　Ⓑシマウマ、シマシマの傘　Ⓒコアラの親子、二つの傘
Ⓓカメレオン、広い傘　Ⓔ女の子、すてきな傘
※型紙はp.122、絵人形の基本の作り方はp.7〜9。

導入のことばがけ例
雨が降ったらさす物、なぁんだ？
今日はいろんな傘が出てくるよ。だれの傘か当ててみてね。

だれのかさ？
作詞・平田明子　作曲・増田裕子

ちいさい ちいさい ちいさい か さ
ながい ながい ながい か さ
しましま しましま しましま か さ　だれの か さ？
ふたつ ふたつ ふたつの か さ
ひろい ひろい ひろい か さ
すてきな すてきな すてきな か さ

「だれのかさかな？」
アリ の か さ
キリン の か さ
シマ ウマ の か さ
コ アラ の か さ
カメ レオン の か さ
わ たし の か さ

※特に練習しなくても、簡単に遊べます。
　うたわずに、言葉のやりとりで遊んでもOK。

遊び方

1 小さい傘をパネルにはる。歌の途中で、「だれのかさかな？」と子どもたちとやりとりをする。

♪ちいさい ちいさい ちいさいかさ だれの かさ？
だれのかさかな？

ヒント
「ネズミかな？　ネズミよりもっと小さいよ」など。

2 アリをはる。
わっ、ちっちゃい！
♪アリのかさ

バリエーション
※上の遊び方で、Ⓐ〜Ⓔのようにも遊べます。
　続けてやってみたり、組み合わせてやってみたりしても楽しいです。

Ⓐ 長い傘
①傘の絵人形が長いので、倒れないように持ってはる。
♪ながい ながい ながい かさ だれの かさ？
だれのかさかな？
パネルを縦にする。

②キリンをはる。
♪キリンの かさ
ほんとうに長いかさだね。

ヒント
「ヘビかな？　首の長〜い動物だよ」など。

バリエーションのつづき

Ⅱ お手軽プチパネル

B しましまの傘

♪しましま しましま しましま かさ
だれの かさ?

だれのかさかな?

ヒント
「白と黒のしましま模様だね」
など。

♪シマウマの かさ

C ふたつの傘

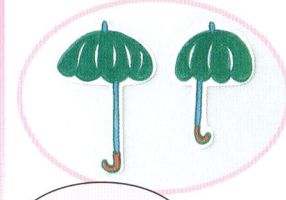

♪ふたつ ふたつ
ふたつのかさ
だれの かさ?

だれのかさかな?

ヒント
「いつもお母さんにだっこしてもらっている動物だよ」など。

♪コアラの かさ

D 広い傘

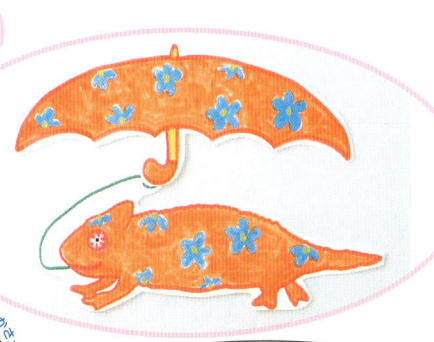

こっちの端から
あっちの端まであるよ。
♪ひろい ひろい
ひろいかさ
だれの かさ?

ヒント
「周りと同じ模様に変わる不思議な生き物だよ」など。

だれのかさかな?

♪カメレオンの かさ

E すてきな傘

♪すてきな すてきな
すてきなかさ
だれの かさ?

だれのかさかな?

♪わたしの かさ

わたしの かさでした!
すてきでしょ。
雨が待ち遠しいな。

※「わたしの」を「○○ちゃんの」に替えてうたってもいいですね。
※今までに作ったキャラクターを登場させてもよいでしょう。

おにぎりくんで遊ぼう!

「おにぎりくんが入る傘はどんな傘かな? のりでできた傘? 形は?」と、みんなで考えてみましょう。

35

II お手軽プチパネル

5. 夏におすすめ！
なつなつ なつだ!!

暑い夏だ！夏といえばこれ！というものをみんなで当てっこして遊んでみましょう。

基本の絵人形
麦わら帽子　スイカ

用意するもの
基本：プチパネル（p.7参照）、絵人形…麦わら帽子、スイカ
※麦わら帽子の裏に接着剤でパネル布をはり付けておく（p.8「重ねばり」参照）。
バリエーション：下記の絵人形も用意すると、右ページも楽しめます。
A浮き輪　B花火（×5）　●風鈴　●蚊取り線香　●かき氷　●扇風機
●セミ　●お化け
※型紙はp.123、絵人形の基本の作り方はp.7～9。

導入のことばがけ例
暑い夏といえばやっぱりこれ！！ そう、麦わら帽子だね。麦わら帽子に隠れている、いろんな夏を当てっこしてね。

遊び方

1 麦わら帽子の下にスイカを重ねて、パネルにはり、歌をうたう。歌の途中で子どもたちとやりとりをする。

♪なつなつなつなつなつだー
　なつなつなつなつなつだー
　なつなつなつなつなつはー
　なつは やっぱり

ヒント
「外は緑と黒のしましま、中は赤くて、黒い種がいっぱいだよ」など。

2 答えを言うのと同時に、麦わら帽子を外す。

♪ スイカ！

なつなつ なつだ!!
作詞・平田明子　作曲・増田裕子

なつなつなつなつ なつ だー
なつなつなつなつ なつ だー なつなつなつなつ
なつ はー なつはやっぱり スイカ！

※特に練習しなくても、簡単に遊べます。うたわずに、言葉のやりとりで遊んでもOK。

36

Ⅱ お手軽プチパネル

バリエーション

※左ページの遊び方で、A・Bのようにも遊べます。
続けてやってみたり、組み合わせてやってみたりしても楽しいです。

A 浮き輪

①浮き輪を下に重ねた麦わら帽子をはり、歌をうたう。

♪なつなつなつなつ
なつはー やっぱり

ヒント
「海やプールで使うよ、ドーナツみたいな形」など。

②答えを言うのと同時に、麦わら帽子を外す。

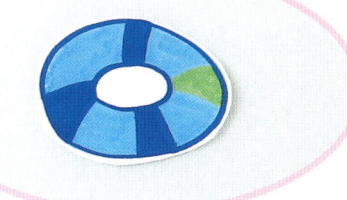

♪浮き輪！

B 花火

①花火を数枚麦わら帽子の下に重ねてパネルにはり、歌をうたう。

♪なつなつ
なつなつ なつはー
やっぱり

ヒント
「ドーン！ ドーン！ 空に咲く大きな花だよ」など。

パネルを縦にする。

②パネルを少し傾けて、絵人形がずり落ちないように、花火を1枚ずつ出してはっていく。

♪花火！
ドーン！ ドーン！
たまや～

ひとりが麦わら帽子をしっかり持っておく。

その他のバリエーション

いろいろな夏のものと **ヒント** を考えてみよう！

風鈴 
「窓の外にぶら下がっていて、風が吹くと音がするよ」

蚊取り線香 
「グルグル渦巻き。これをつけておくと、蚊が逃げていくよ。見たことあるかな？」

かき氷 
「雪みたいにフワフワで冷た～い。イチゴやメロンのシロップを掛けて食べるよ」

扇風機 
「クルクル回ると涼しくなるよ」

セミ 
「木の汁が大好き！ 木から木へ飛び移って、ミーンミーンと鳴いている虫だよ」

お化け  
「夜になるとフワ～リフワ～リ出てくる、ちょっと怖いもの」

おにぎりくんで遊ぼう！

「みんなで海（山）へ行こう！何を持って行こうかな？」と、おにぎりくんを出してみてもいいですね。

Lunchbox

37

II お手軽プチパネル

6. 秋におすすめ！
何が 見える？

秋になると、あちらこちらできれいな色の葉っぱを見ることができます。葉っぱの穴から顔を出している物を、みんなで当ててみましょう。

基本の絵人形
葉っぱ　　ドングリ

用意するもの
基本：プチパネル（p.7参照）、絵人形… 葉っぱ、ドングリ
バリエーション：下記の絵人形も用意すると、右ページも楽しめます。
A 焼きイモ　B テントウムシ　C キノコ　D モグラ
※葉っぱの裏には、接着剤でパネル布をはり付けておく（p.8「重ねばり」参照）。
※型紙はp.123、絵人形の基本の作り方はp.7～9。

導入のことばがけ例
黄色い葉っぱの下に、何かが隠れているよ？ 何が隠れているか当ててみてね。

何が 見える？
作詞・平田明子　作曲・増田裕子

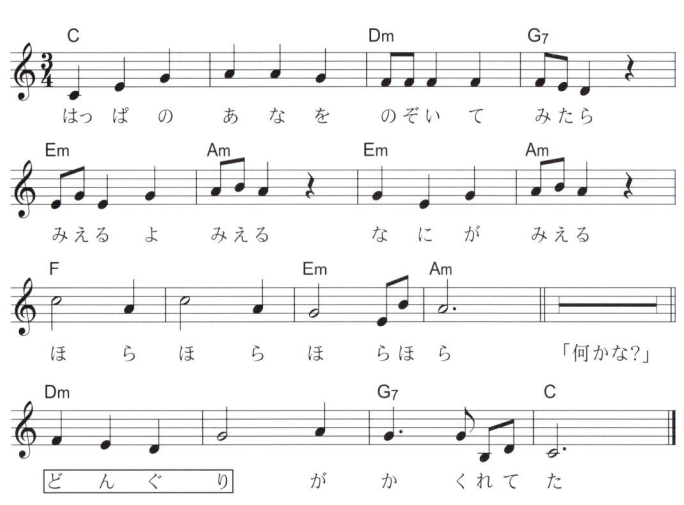

はっぱの あなを のぞいて みたら
みえるよ みえる なにが みえる
ほら ほら ほら ほら 「何かな？」
どんぐり が か くれてた

遊び方

1 ドングリと葉っぱを重ねてパネルにはり、歌をうたう。

♪はっぱの あなを のぞいてみたら
みえるよ みえる なにが みえる
ほら ほら ほら ほら

2 歌の途中で「何かな？」と子どもたちとやりとりをしたあと、葉っぱを外して答えを見せる。

※特に練習しなくても、簡単に遊べます。うたわずに、言葉のやりとりで遊んでもOK。

ヒント
「リスが食べる木の実だよ」など。

何かな？

♪どんぐりが かくれてた

バリエーション

※左ページの遊び方で、A〜Dのようにも遊べます。続けてやってみたり、組み合わせてやってみたりしても楽しいです。

Ⅱ お手軽プチパネル

A 焼きイモ

①焼きイモと葉っぱを重ねてパネルにはり、歌の途中で子どもとやりとりをする。

「何かな?」
「なんだろう?」

ヒント 「ホカホカでおいしいものだよ」など。

②葉っぱを外す。

「焼きイモでした!」
「やったあ! いただきまーす!」

♪ やきいも が かくれてた

B テントウムシ

ヒント 「背中に模様がある虫だよ」など。

♪ テントウムシ が かくれてた

C キノコ

ヒント 「森の中にはえている物だよ」など。

♪ キノコ が かくれてた

D モグラ

ヒント 「土の中にいる生き物だよ」など。

♪ モグラ が かくれてた

おにぎりくんで遊ぼう!

葉っぱの下におにぎりくんを隠して、「黒豆? 梅干し?」と、遊んでみましょう。

※「なにかな?」のやりとりをするとき、葉っぱをずらして、「見えた?」などと言いながら、穴からの見え方を変えてみても楽しいでしょう。

II お手軽プチパネル

7. 冬におすすめ！①
だれの くつ？

靴にはいろいろな種類があります。どんな靴をだれが履いているのか、みんなで考えてみましょう。

基本の絵人形
靴　赤ちゃん

用意するもの
基本：プチパネル（p.7参照）、絵人形… 靴、赤ちゃん
バリエーション：下記の絵人形も用意すると、右ページも楽しめます。
Ⓐお父さん、黒い靴　Ⓑおばあちゃん、ぞうり　Ⓒスケーター、スケート靴
Ⓓサンタクロース、ブーツ
※靴やスケート靴の裏には、接着剤でパネル布をはり付けておく（p.8「重ねばり」参照）。
※ぞうりには切り込みを入れておく（p.9「切り込み」参照）。
※型紙はp.124、絵人形の基本の作り方はp.7〜9。

導入のことばがけ例
寒い冬になってきたね。出かけるときは、靴下と靴をしっかり履いてね。さあ、今日出てくるのは、だれの靴かな？

遊び方

1 赤ちゃんのくつをはり、歌をうたう。

♪だ だ だれの くつ？

♪ちっち ちっちゃい くつ

だれの くつ？
作詞・増田裕子　作曲・平田明子

（楽譜）
だ だ だれの くつ？

ちっちゃいな ちっちゃいな ちっちゃかっちゃって ちいさい くつ ぞうぞう ぞうりつっつ いいないない

「だれのくつかな？」
あお　かとう　ちゃばあちゃ　んんんん　ののののの　くくくくつ
おおスケサ　とばータン　ちゃちゃトさん　ん　ののののの　ぞううりつ
　　ン　　　　　　　　　　　　　　ブーツツ

※特に練習しなくても、簡単に遊べます。うたわずに、言葉のやりとりで遊んでもOK。

2 歌の途中で「だれのくつかな？」とやりとりをしたあと、赤ちゃんをパネルにはり、靴を重ねてはる。

だれのくつかな？

♪あかちゃんの くつ

かわいい〜 アブブ〜

Ⅱ お手軽プチパネル

バリエーション

※左ページの遊び方で、A〜Dのようにも遊べます。
続けてやってみたり、組み合わせてやってみたりしても楽しいです。

A お父さんの靴

①お父さんの靴をはる。

「黒くてピカピカ！だれの靴？」

②お父さんをパネルにはって、靴を重ねてはる。

「お父さんの靴でした。」

B おばあちゃんのぞうり

①おばあちゃんのぞうりをはる。

「すてきなぞうり！だれのぞうり？」

②おばあちゃんをパネルにはって、ぞうりを重ねてはる。

「おばあちゃんのぞうりでした。」

ぞうりの鼻緒の部分に切り込みを入れておき、たびを差し込んで履かせる（p.9「切り込み」参照）。

C スケーターの靴

①スケーターの靴をはる。

「氷の上をスーイスーイ、クルクルクル〜！だれの靴？」

②スケーターをパネルにはって、靴を重ねてはる。

「フィギュアスケーターでした。」

D サンタさんのブーツ

①サンタさんのブーツをはる。

「だれのブーツ？」

「クリスマスの日は大忙しなんだって！」

②サンタさんの絵人形をパネルにはって、ブーツを重ねてはる。

「サンタさんのブーツです。メリークリスマス！」

「プレゼントが楽しみだね！」

おにぎりくんで遊ぼう！

おにぎりくんはどんな靴が似合うかな？　いろいろ履かせてみましょう。

II お手軽プチパネル

7. 冬におすすめ！② (冬でなくてOKなものはいつでも！)
つみきで あそぼう

いろいろな形を組み合わせると、ある物に変身します。想像力を働かせて、みんなで楽しみましょう。

基本の絵人形 
三角、四角、丸、台形などいろいろな形

用意するもの
基本：プチパネル（p.7参照）、絵人形…三角・四角・丸・台形などのいろいろな形、台形2枚（富士山）、富士山の雪
※カラーPペーパーが手に入りづらい場合は、カラーフェルトでもOKです。
※台形2枚はポケット状にはり合わせる（p.9「ポケット」参照）。片面には富士山の雪をはっておく。
※型紙はp.124、絵人形の基本の作り方はp.7〜9。

導入のことばがけ例
積み木遊びは好きかな？　いろんな形の積み木があるよね。今日は積み木のパネルシアターで遊んでみよう。

つみきで あそぼう
作詞・増田裕子　作曲・平田明子

つみきー　つみきー　つつつみきで
あそぼうー　つみきー　つみきー
つつつみきで　なにつくろうー

※特に練習しなくても、簡単に遊べます。
　うたわずに、言葉のやりとりで遊んでもOK。

遊び方

♪つみきー つみきー つつつみきで あそぼうー
　つみきー つみきー つつつみきで なに つくろうー

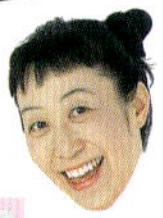

1 いろんな形のPペーパー（もしくはカラーフェルト）をパネルにはる。

わあ、積み木がいっぱいあるよ。何を作ろうかな〜。

2 うたっている間、左右にサイドステップを繰り返してノリノリに踊る。うたいながら絵人形を全部外す。

①手を広げて右足を一歩右へ。
②左足をつけて拍手を1回。 
※逆方向へも同様に行ない、これを繰り返す。

3 四角と三角をパネルにはる。

四角と三角で……おうち！

バリエーション

※左ページの遊び方で、Ⓐ～Ⓖのようにも遊べます。続けてやってみたり、組み合わせてやってみたりしても楽しいです。

Ⅱ お手軽プチパネル

Ⓐ シーソー 三角と長細い四角で……シーソー!

Ⓑ たこ 長細い四角ふたつと大きい四角で……たこ!

Ⓒ おでん 棒と四角と三角と丸で……おでん!

Ⓓ 鏡もち 半分の丸と半分の丸と小さな丸で……鏡もち!

Ⓔ 自動車 長四角と長細い四角と小さい丸ふたつで……自動車!

Ⓕ 雪だるま 丸と丸と台形で……雪だるま!

Ⓖ 富士山
①おもちゃ箱に見たてた台形の裏に、積み木を入れる。
「よいしょ」「おかたづけ」

②おもちゃ箱から絵人形が落ちないように、逆さまに裏返してはって、近くに赤くて丸い絵人形をはる。

明けましておめでとう!

くるん

おにぎりくんで遊ぼう!

おうちやシーソーなど、できあがったもので、おにぎりくんとおいなりちゃんがいっしょに遊んでみるのもいいですね。

II お手軽プチパネル

8. 春におすすめ！
土の中から

どんな生き物が冬眠していたのか、みんなで考えながら遊びを進めていきましょう。

基本の絵人形
土　ツクシ

用意するもの
基本：プチパネル（p.7参照）、絵人形… 土、ツクシ（×3）
バリエーション：下記の絵人形も用意すると、右ページも楽しめます。
Aミミズ　Bタケノコ　Cカエル　Dモグラ　E芽、チューリップ（×4）、チョウチョウ（×5）

※土の裏にパネル布をはり、ポケット状にして絵人形を入れておく（p.9「ポケット」参照）。
※型紙はp.125、絵人形の基本の作り方はp.7〜9。

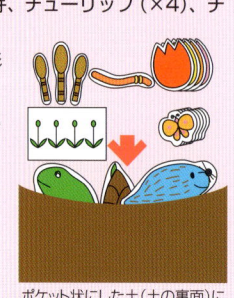

導入のことばがけ例
暖かくなると、球根の芽や、いろいろな物が土の中から出てくるね。さあ、何が出てくるかな？始まり、始まり〜。

ポケット状にした土（土の裏面）に絵人形を入れておく

遊び方

1 パネルを縦に持ち、下のほうに土をはって落ちないように持っておく。

♪つちの なかから つちの なかから でてくるもの なあに？

あれれ？この地面、ちょっと動いたみたいだよ。

2 歌の途中で「なんだろう？」と子どもたちとやりとりしながら、地面からツクシの頭を少しだけ見せる。

なんだろう？

みんなはなんだと思う？

3 子どもたちから答えが出たら、ツクシを引き上げる。

暖かくてうれしいな〜

♪つんつく つんつく つくしさん はるですね

土の中から

作詞・平田明子　作曲・増田裕子

つちの なかから つちの なかから でてくるもの
なあに？　「なんだろう？」
つんつく つんつく
くねくね くねくねくねくん
にょきにょきにょきにょき
けろけろけろけろ
もぐもぐもぐもぐ
パッパッパッパッ

つくしさん
しずくさん
みずのさん
たけのこさん
かえるさん
もぐらさん
チューリップさん

はるですね

※特に練習しなくても、簡単に遊べます。
　うたわずに、言葉のやりとりで遊んでもOK。

バリエーション

※左ページの遊び方で、A〜Eのようにも遊べます。
続けてやってみたり、組み合わせてやってみたりしても楽しいです。

Ⅱ お手軽プチパネル

A ミミズ

♪つちの なかから
つちの なかから
でてくる もの
なあに？

なんだろう？

♪くねくね くねりん
みみずさん
はるですね

B タケノコ

♪つちの なかから
つちの なかから
でてくる もの
なあに？

なんだろう？

♪にょきにょき
にょきにょき
たけのこさん
はるですね

C カエル

♪つちの なかから
つちの なかから
でてくる もの
なあに？

なんだろう？

♪けろけろ けろろん
かえるさん
はるですね

D モグラ

♪つちの なかから
つちの なかから
でてくる もの
なあに？

なんだろう？

♪もぐもぐ もぐりん
もぐらさん
はるですね

E チューリップ

①芽を少し見せる。

♪つちの なかから
つちの なかから
でてくる もの なあに？

なんだろう？

②子どもたちとやりとりして、ひと段落したら芽を引き上げて、葉が見えるようにして花をはる。チョウチョウを上の方に重ねずらし（p.8参照）ではる。

♪パッパッパッパッ
チューリップさん
はるですね

おにぎりくんで遊ぼう！

苗が伸びてきて稲穂になり、お米の収穫からおにぎりくんへと展開してみましょう。

ちょこっとコラム　おにぎりくんたちのプロフィール

おにぎりくんたちを よろしくね！

おにぎりくん

年齢：5さい
性別：男の子
好きな食べ物：おにぎり
好きな具：うめぼし
好きな遊び：かくれんぼ

おいなりちゃん

年齢：5さい
性別：女の子
好きな食べ物：お菓子
好きな人：おにぎりくん
好きな遊び：ままごと

たくあんばあさん

年齢：80さい
性別：女の人
好きな食べ物：おはぎ
好きなことわざ：腹八分目
好きな遊び：おてだま

ぼく おにぎりくん 5さい！

みんなは 何さい？

Ⅲ いろいろシアター

お誕生日会、季節、行事など……どんなときにもOK！出し物にも困らないね！

おにぎりくんと遊ぼう！コーナーもついてるよ！

かんたんですぐにできるシアターがいっぱい！

Ⅲ いろいろシアター

1. お誕生日会の出し物ネタに!
パネルシアター ロウソク フー

今日はだれの誕生日? 何歳になったのかな? みんなでお祝いをしてあげましょう。誕生会で大活躍。1セット作っておくととても便利です。

基本の絵人形
ウサギ　ケーキ　ロウソク

用意するもの
基本：パネルなど（p.7参照）、絵人形… ウサギ、ケーキ、ロウソク
バリエーション：下記の絵人形も用意すると、次のページからも楽しめます。
Ⓐネズミ、ロウソク（×2）　Ⓑネコ、ロウソク（×3）　Ⓒカメ、ロウソクの束（糸留めをしない）　Ⓓ女の子、ロウソク（×5）
※ロウソクは糸留めをして、火を隠せるようにする（p.9「糸留め」参照）。
※型紙はp.125、絵人形の基本の作り方は、p.7～9。

糸留めのしかた
① ロウソクの炎の部分と本体の部分別々に作る。
② 炎の部分と本体に2本取りで糸を通して両端を玉留めする。

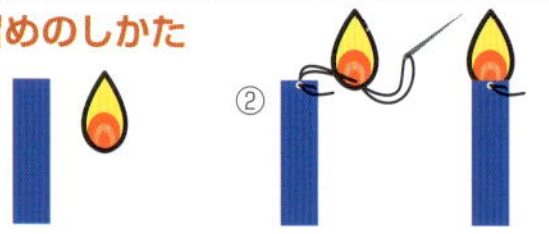

導入のことばがけ例
今日は大きなケーキを持ってきたよ。みんなでお誕生日のお祝いをしてあげようね。さあ、だれが来るかな?

遊び方

1 パネルにケーキをはる。
「今日はだれの誕生日かな?」

2 ウサギをはる。
「あ、ウサギちゃんが来たよ」
「こんにちは、今日、わたし1歳になったの」

3 火がついているロウソクを1本はって、誕生日の歌をうたう。
「そうなの、じゃあ、ロウソクを1本立てましょう」

4 息を吹きかけ、ロウソクの火を隠す。
「じゃあ、ロウソクの火を消しましょう。フー」

火の消し方
炎の部分を回転させてロウソクの裏に隠す。

5 みんなで拍手をする。
「ウサギちゃん、お誕生日おめでとう」

バリエーション

※p.48の遊び方で、A〜Dのようにも遊べます。
続けてやってみたり、組み合わせてやってみたりしても楽しいです。

A ネズミ

ネズミをはった後、ロウソクを2本立てて、1本ずつ火を隠す。

「2歳になったでチュ〜」
「フーフー」

B ネコ

ネコをはった後、ロウソクを3本立てて、1本ずつ火を隠す。

「ニャーニャー、ぼくは3歳になったんだ」

C カメ

1 カメをはった後、ロウソクの束をはる。

「わしは100歳じゃ（おじいさんぽくゆっくりと）」
「おめでとう、火を消そうフー」

2 火は描いてあって隠せないので、笑いを誘っておしまい。

「わー、いっぱいありすぎて消せないよー」

※次のページにバリエーションDがあります。

Ⅲ-1. ロウソク フー

バリエーションのつづき

D ●●●ちゃん

1 子どもの絵人形を登場させる。ケーキの上にロウソクを5本立てる。

※保育者役と子ども役（本人でもよい）のふたり組になって演じてみましょう！
※誕生児を前に呼んで祝うのも楽しいでしょう。

「ゆうこちゃんは5歳になりました。ケーキにロウソクを5本立てましょう。」

「うれしいな」

2 「フー フー……」の声に合わせて、保育者がロウソクの火を1本ずつ隠していく。

「フー」

「それじゃ、ロウソクの火を消してね。フー」

3 「お誕生日おめでとう」と、みんなで祝福の拍手をする。

「ありがとう！」

「お誕生日、おめでとう！」

アレンジ

お祝いのアレンジいろいろ！

- その月の誕生児の絵人形を作って演じても楽しいですよ。
- 結婚式などのお祝いごとにアレンジして演じても楽しめます。
- 登場する動物を、ほかにもいろいろ考えてみましょう。キリンなら長〜いロウソク、ヘビならグルグル巻きのロウソク、ゾウなら太いロウソクにしてみましょう。

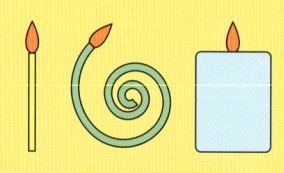

おにぎりくんで遊ぼう！

おにぎりくんは何歳なのかな？ みんなで考えて、ロウソクを立ててみましょう（正解は、p.46）。

III いろいろシアター

2. いつでも！出し物ネタに！①

切り紙シアター どうぶつ だあれ？

1枚の色画用紙をビリビリ破いて、シールをはったり、ペンで描いたりするだけの超簡単なクイズシアター！ いろいろな動物に変身しちゃいます。紙の目の方向（破りやすい方向＝縦目）に気をつけて遊んでみて。

用意するもの
色画用紙

用意するもの
- **基本**：ピンク色の八ツ切色画用紙（写真ではやや小さめですが、八ツ切色画用紙でするとよい）、赤色のてんし（丸いシール）、油性フェルトペン
- **バリエーション**：下記を用意すると、次のページからも楽しめます。
  - Ⓐ茶色の八ツ切色画用紙　Ⓑ黄色の八ツ切色画用紙　Ⓒ水色の四ツ切色画用紙
  - Ⓐ～Ⓒそれぞれに、黒色のてんし、油性フェルトペン

導入のことばがけ例
ここに画用紙があります。このピンクの画用紙を破っていくと、どうなるかな？　さあ、やってみるよ。

遊び方

1 縦にした画用紙を見せる。
「画用紙が1枚あるね。何が始まるのかな？」
紙の目

2 上辺の3分の1を、縦半分くらいまで破る。
「まず、このあたりをビリビリと破いちゃうよ。」

3 ②で破った位置と対称のところを同じように破る。
「こっちも破いちゃうよ。」

4 上辺の紙を手前に折る。
「真ん中の紙をこうやって折り曲げて。」

5 子どもたちの反応にこたえながら、右目・左目・鼻の位置に赤いてんしをはる。
「丸いシールをはるよ。さーて、この動物、だあれ？」

6 ペンでひげを描いてできあがりを見せる。
「できあがったのは、ウサギさんでした！　ピョン！」

Ⅲ-2.① どうぶつ だあれ？

バリエーション
※p.51の遊び方で、Ⓐ～Ⓒのようにも遊べます。
続けてやってみたり、組み合わせてやってみたりしても楽しいです。

Ⓐ イヌ

1 縦にした画用紙の上辺を、縦に少し破る。
「画用紙を破るよ。」

2 イヌの垂れ耳になるように、角度をつけて折る。
「両端を折るよ。」

3 子どもたちの反応にこたえながら、右目・左目・鼻の位置に黒いてんしをはる。
「丸いシールをはったら……この動物だあれ？」

4 ペンでひげなどを描いて、できあがりを見せる。
「イヌさんでした～。ワンワン！」 

Ⓑ キツネ

1 縦にした画用紙の上辺をイヌと同じように破った後、耳の部分を三角に折る。
「破って、折るよ。今度は、少し違うよ。よーく見て、何か当ててね。」

2 あごになる部分も、三角に折る。
「こっちも折って…。」

3 子どもたちの反応にこたえながら、裏返して右目・左目をペンで描き、鼻の位置に黒いてんしをはる。
「今度はペンでこうやって描くと、この動物だあれ？」

4 できあがりを見せる。
「キツネさんでした～。コンコン！」

Ⅲ いろいろシアター

C ゾウ

1 縦にした画用紙の上辺を、ゾウの耳になるように、幅広く縦に破る。

「破るよ。次は何かな？」

2 ①の対称のところを縦に破る。

「こっちも破るよ。」

3 子どもたちの反応にこたえながら進める。

「両端を折ったら……。なんだと思う？」

Tシャツ
イヌ！

4 ゾウの鼻ができるように、画用紙の下の両端を破る。

「まだまだ続きがあるよ、よーく見てね。わかるかな？」

5 右目・左目の位置に黒いてんしをはって、ペンで鼻の筋を描く。

「正解は……ゾウさんでーす！」

パオーン！

アレンジ

アイデア次第で、いろんな場面で大活躍!!

- 子どもたちのリクエストから、いろんな動物を作ってみましょう。
- 4〜5歳児の製作のときや壁面装飾、お面にも応用できます。
- 小さく作って、裏に棒を付けてペープサート、ワッペンやフルーツバスケットをするときのマークにも使えます。
- 保護者の方に教えてあげれば、家庭でも親子で簡単に楽しめます。

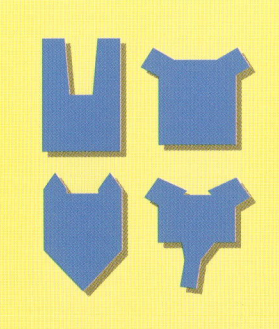

おにぎりくんで遊ぼう！

おにぎりくんはどんな形かな？ 画用紙で作ることができるかな？ みんなで挑戦してみましょう。

III いろいろシアター

2. いつでも！出し物ネタに！②
色画用紙シアター つなすべり

ふたり組で演じる動物たちの「つなすべり」。保育者同士だけでなく、保育者と子どもたちで演じてみても楽しいでしょう。みんなで応援しながら盛り上がろう！

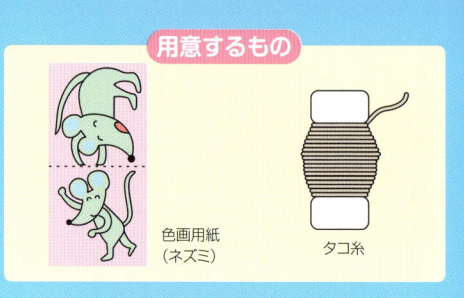

用意するもの
色画用紙（ネズミ）
タコ糸

用意するもの
基本：八ツ切色画用紙を10cm×20cmに切る（ネズミ）、タコ糸
バリエーション：下記を用意すると、次のページからも楽しめます。
Ⓐ八ツ切色画用紙を12cm×24cmに切る（ウサギ）、Ⓑ八ツ切色画用紙を14cm×27cmに切る（サル）、Ⓒ四ツ切色画用紙を32cm×54cmに切る（クマ）、Ⓓ四ツ切色画用紙（ゾウ）
※タコ糸の片方の端は、何かに固定しておくか、もうひとりの保育者が持つかしておきます。
※型紙はp.125〜127。

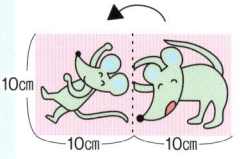

動物の作り方
色画用紙に、図のように動物の絵を描き、真ん中で折る。
10cm / 10cm / 10cm

導入のことばがけ例
みんなはすべり台好きかな？　動物さんたちも滑るのが大好きなんだよ。今日は、タコ糸をスルスル滑っていく、「つなすべり」に挑戦するから見ていてね。

遊び方

1 子どもにクイズを出してから、ネズミを見せる。
「チュ〜 チュ〜 ぼくはだれだ？」
ネズミ！

2 ネズミを裏返して、タコ糸に掛ける。
「そうだよ。ネズミだチュ〜。つなすべり、やってみるチュ〜！」
声のトーンを上げて
シュー

3 タコ糸をピンと張って滑らせる。
「やったでチュ〜」
シュー

ひと工夫
動物をどこに隠しておくか？
立っている保育者の後ろに小さなテーブルを置いて、その上に載せておきます。見えないように、保育者はテーブルを隠して立ちましょう。

※ほかの動物も同様に、絵を見せないで、まず、鳴き声などのヒントを出して、子どもに当てさせてもよいでしょう。

Ⅲ いろいろシアター

バリエーション
※p.54の遊び方で、Ⓐ〜Ⓓのようにも遊べます。
続けてやってみたり、組み合わせてやってみたりしても楽しいです。

Ⓐ ウサギ

1 クイズを出してから、ウサギを出す。

「ピョンピョン、ウサギだピョン。つなすべりやってみるピョン！」

軽やかに

2 ウサギを裏返して、滑らせる。

「ひゃっほうっ！できたピョ〜ン！」

Ⓑ サル

1 クイズを出してから、サルを出す。

「キキキキキ〜、サルはつなすべり得意だ、キイ〜〜ッ」

得意気に

2 サルを裏返して、滑らせる。

「キキキキキ〜、どんなもんだいっ！すごいでしょ」

Ⓒ クマ

1 クイズを出してから、クマを出す。

「そぅ〜ぼくはクマだよ。よっこらしょ、つなすべり、できるかなあ？」

声のトーンを下げて

2 クマを裏返して、滑らせる。

「よっこらよっこら、よっこらしょ〜。できた〜！」

※次のページにバリエーションⒹがあります。

Ⅲ-2.② つなすべり

バリエーションのつづき

D ゾウ

1 クイズを出してから、ゾウを出す。

> パオ〜ッ！
> ぼくは、重ーい重いゾウだゾウ。

重々しく

> つなすべり、ちょっと怖いゾウ。

2 ゾウを裏返して、滑らせる。

重たそうに

> おっとっとっとパオ〜、パオ〜、ああ、綱が切れそう？だいじょうぶかな？

ユッサユッサ
ギッシギッシ

3 タコ糸を少しずつ斜めにするなどして、ゆっくり滑り終える。

> フーッ！
> やっとこ、滑れた。
> よかったゾウッ！

> 重たいゾウ！

アレンジ

滑らせる物を変えてみよう！

● 画用紙を円筒にしてセロハンテープで留めて、糸を通して動かせば、ロープウェイのようになります。
● 4・5歳児なら、自分たちで好きな動物を作り、子どもと保育者、子ども同士で演じてみましょう。

おにぎりくんで遊ぼう！

おにぎりくんもつなすべりに挑戦してみよう。おいなりちゃん、たくあんばあさん、みんなうまく滑ることができるかな？

Ⅲ いろいろシアター

2. いつでも！出し物ネタに！③
ハンカチシアター　へんしん オバケちゃん

ハンカチやタオルのオバケちゃんを、いろいろ変身させて遊びましょう。

用意するもの：白いハンカチ

用意するもの
基本：ハンカチ2枚

導入のことばがけ例
見て見て。ここに白いハンカチがあるよ。このハンカチが何かに変身しちゃいます。何に変身するかな？

遊び方

1 ハンカチの真ん中をつまんでユラユラさせる。変身する瞬間は揺らし方に少しアクセントをつける。

「ぼくは変身お化けのバケちゃん」
「今日は海に行ってみよう。まずはクラゲにへんし〜ん」

2 クラゲのように、ゆっくり揺らす。

「ユ〜ラ ユ〜ラ、海は気持ちいいなあ」

3 ハンカチをクルクル巻いて細長くする。

「さあ、変身するよ」
クルクル

4 上下を持って動かす。

「今度はワカメになってユ〜ラユラ」

※次のページにつづきます。

Ⅲ-2.③ へんしん オバケちゃん

5 隠れていたもうひとりが、ハンカチを持って登場する。

「やあ！わたしはドロンちゃんよ。あなたは？」
「わたしはバケちゃん。どうぞよろしくね。」

↑ドロンちゃん
↑バケちゃん

6 1枚のハンカチを1回折って大きい三角を作り魚の体にする。もう1枚のハンカチは2回折って小さい三角を作り、しっぽにする。

「ふたりで合体してみよう。」

7 自由に泳がす。

「スーイスーイ」
「魚になって泳ごう」
スーイスイ

8 小さい三角を頭に、大きい三角の先を持って体にしてイカを作り、あちこちに動かす。

「今度はイカになってスーイスイ」

Ⅲ いろいろシアター

9 サメが来た気配を出し、大きい三角を船体に、小さい三角を帆にして舟を作る。サメから逃げるように動かす。

「あ、向こうからサメが来るよ！」

「わー、舟になって逃げよう」

10 オバケに戻ってホッとするしぐさをする。

「ここまでくればもうだいじょうぶ。へんしんって楽しいね」

11 ひとりは三角にして屋根を作り、もうひとりは四角にして家の壁を作る。

「もうおうちに帰ろうね」

12 ハンカチを振って、おしまい。

「バイバ〜イ、またね！」

アレンジ

いろいろなハンカチでも、折り紙でもOK！

- ただのハンカチも、アイディア次第で何にでも見たてられるところがおもしろい！ ほかのキャラクターも考えて演じてみましょう。
- 子どもが演じるときは、小さめのハンカチがよいでしょう。
- 折り紙を使って演じてもおもしろいでしょう。

おにぎりくんで遊ぼう！

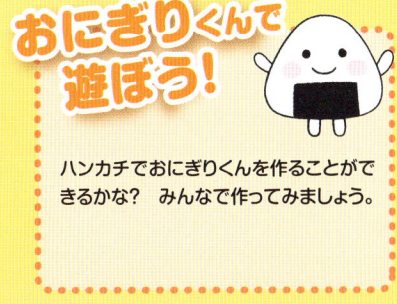

ハンカチでおにぎりくんを作ることができるかな？ みんなで作ってみましょう。

III いろいろシアター

2. いつでも！出し物ネタに！④
空き箱シアター　ブラブラな〜に？

毛糸を揺らしながら箱から見え隠れする物で、なぞなぞをやってみましょう。

用意するもの
毛糸／クモの絵／ふたのある箱

用意するもの
基本：毛糸（40〜50cm）、ふたのある菓子箱など、クモの絵（画用紙の両面に絵を描き色を塗る）。
バリエーション：下記を用意すると、次のページからも楽しめます。
Ⓐミノムシの絵　Ⓑ電球の絵　Ⓒヨーヨーの絵　Ⓓブランコに乗った女の子の絵　●お化けの絵　●魚の絵
※毛糸にそれぞれの絵をつけておく。
※型紙はp.127。

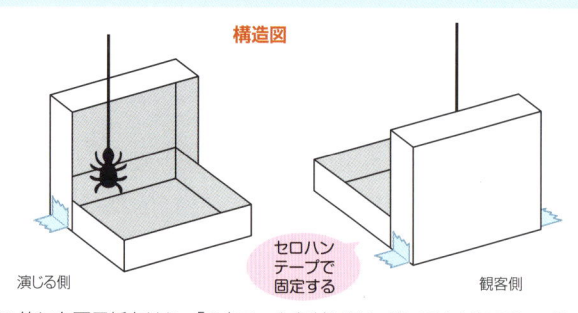

構造図
演じる側／観客側／セロハンテープで固定する
※箱に色画用紙をはり、「？」マークを付けるなどしてもいいでしょう。

導入のことばがけ例
ねえねえ、みんなよーく見て！　毛糸の先でブラブラしている物が何か、当ててみてね。

遊び方

1 垂らした毛糸に何がぶら下がっているか、子どもたちにチラッと見せながら自由にブラブラ揺らす。

ヒントはね、足が8本あるよ。
ブラブラしているもの、ブラブラな〜に？
チラッ

2 子どもたちの反応を聞きながら、しばらくやりとりする。ころ合いを見て毛糸を持ち上げる。

クモでした。
スルスルスル

Ⅲ いろいろシアター

バリエーション
※p.60の遊び方で、A～Dのようにも遊べます。
続けてやってみたり、組み合わせてやってみたりしても楽しいです。

A ミノムシ

1 ブラブラ揺らしながら、チラッと見せる。

「ブラブラなーに？」
「ヒント、枝にぶら下がっているのを見たことあるお友達もいるかな？」
「チラッ」

2 子どもたちの反応を聞きながら、しばらくやりとりする。ころ合いを見て毛糸を持ち上げる。

「ミノムシでした。」

B 電球

1 ブラブラ揺らしながら、チラッと見せる。

「次のブラブラなーに？」
「ヒント、スイッチを入れると、ピカーッと明るくなるよ。」
「チラッ」

2 子どもたちの反応を聞きながら、しばらくやりとりする。ころ合いを見て毛糸を持ち上げる。

「電球でした。」

C ヨーヨー

1 ブラブラ揺らしながら、チラッと見せる。

「次のブラブラなーに？」
「ヒント、丸くてクルクル回るよ。遊んでいるときは、糸が伸びたり縮んだりして見えるよ。」
「チラッ」

2 子どもたちの反応を聞きながら、しばらくやりとりする。ころ合いを見て毛糸を持ち上げる。

「ヨーヨーでした。」

※次のページにバリエーションDがあります。

Ⅲ-2.④ ブラブラな〜に?

バリエーションのつづき

D ブランコ

1 2本の毛糸を持って、ヒントを出す。

> ブラブラな〜に？公園にあるよ。

> ヒント、みんなも遊んだことがあるんじゃないかな？

> さあ、最後のヒントは糸が2本だよ。

2 子どもたちの反応を聞きながらやりとりする。ころ合いを見て毛糸を持ち上げる。

> 答えは、ブランコでした。

アレンジ

ほかにもユラユラ揺れる物は？

● 思いつく限りの揺れる物をぶら下げて、子どもたちと当てっこを楽しんでみましょう。

> ユラユラ……ググ……およよ……

> ユラユラ〜ドロドロドロ〜

> お化けだよ。

> 魚が釣れたね。

おにぎりくんで遊ぼう！

おにぎりくんにも糸を付けて、箱に隠しながら揺らしてみよう。どんなヒントでおにぎりくんを当ててくれるかな？

III いろいろシアター

2. いつでも！出し物ネタに！⑤
段ボールシアター のるかな？

動物の絵を描いた段ボールをどんどん積み重ねていく段ボールシアターです。うまくのせることができるかな？

用意するもの
段ボール箱　動物の絵

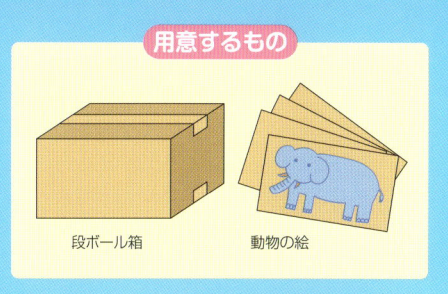

用意するもの
基本：段ボール箱や空き箱（いろいろなサイズ）、動物の絵をかいた紙（ゾウ、ワニ、カバ、ヘビ、イヌ、ウサギ、ネコ、リス、ネズミ、アリ）
※動物の絵は、箱の大きさに合わせて描く。
※型紙はp.128。

箱の作り方　箱を組み立てて、箱の側面に動物や虫の絵を描いた紙をはっておく。
箱のふたを閉じる → 絵を描いてのりではる

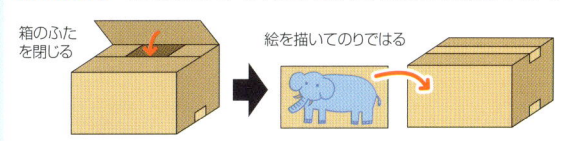

導入のことばがけ例
今日は、お部屋でおもしろい遊びをやってみるよ。空き箱をいっぱい積み上げていくから、応援してね。

遊び方

1
すべての箱を近くに置いておき、そのうちの1個（下段は大きい箱がよい）を持ってくる。

※初めはゾウなので、ノッシノッシと歩きながら箱を持って来るなど、楽しく演出しましょう。

「ゾウがやって来たよ。」
「ドシ ドシ ドシッ」

2
ワニなのでこわごわ持ってくる。

「のるかな？のるかな？ゾウの上にワニ！」
「最初は簡単だね。どんどんのせていくよ。」

※次のページにつづきます。　63

Ⅲ-2.⑤ のるかな?

3 重たそうにカバをのせる。
※それぞれの生き物をイメージした動きや、鳴き声をまじえて、のせていく。

「のるかな? のるかな? ワニの上にカバ!」
「のった!!」

4 体をくねらせながら、ヘビをのせる。

「のるかな? のるかな? カバの上にヘビ!」
「のった にょろ」

にょろにょろ〜

5 イヌの鳴き声をまねしながら、イヌをのせる。

「のるかな? のるかな? ヘビの上にイヌ!」
「のった ワン!」

ワンワン

6 箱を跳ねさせながら、ウサギを持って来る。

「のるかな? のるかな? イヌの上にウサギ!」
「のったぁ」

ピョンピョン

7 ネコの動きをまねしながら、ネコをのせる。

「のるかな? のるかな? ウサギの上にネコ!」
「だいぶ高いにゃあ。」

ニャオ〜ン

Ⅲ いろいろシアター

8 このあたりから小さな箱を使っているため、軽くて倒れやすいので、慎重にリスをのせる。

「のるかな？のるかな？ネコの上にリス！」

「のるかな？のりました！」

9 かなり揺れるので、ネズミをのせてそっと手を離す。

チュウ！

「のるかな？のるかな？リスの上にネズミ！」

「おっとっと……」

10 最後にアリをのせる。

バンザーイ

「アリさん！」

「うまくのった！」

アレンジ

ほかにも遊び方いろいろ！

- 子どもたちといっしょにいろいろな動物を考えて箱を作りましょう。軽い積み木のような物でもいいでしょう。
- 慣れてきたら1個ずつ子どもに持たせて、交替で積み上げていっても楽しいです。
- ゲームをしましょう。例えば…
  1) 箱と同じ絵のカードを作る。
  2) チームに分かれて順番にカードを引き、その絵のついた箱を積み上げていく。倒したチームが負け。
- わざと箱を縦にしたり、小さい箱の上に大きい箱をのせたりしてもスリル満点!!
- ※周りに何もないところでやりましょう。

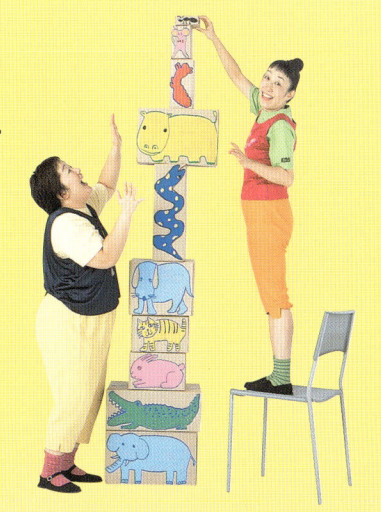

おにぎりくんで遊ぼう！

空き箱におにぎりくんたちを描いてのせてみましょう。おにぎりタワーが完成するかな？

III いろいろシアター

3. 梅雨におすすめ！
画用紙シアター　大きくなあれ！

動物たちがドンドン大きくなるよ。どこまで大きくなるのかな？

用意するもの
八ツ切画用紙（カエル）表　　裏

用意するもの
基本：八ツ切画用紙（カエル）
バリエーション：下記を用意すると、次のページからも楽しめます。
A 八ツ切画用紙（カタツムリ）
B 八ツ切画用紙（雨）
C 四ツ切画用紙（クマ）
※型紙は p.129〜130。

導入のことばがけ例
泳ぐのが得意で、雨が大好きなものなーんだ？　そう、カエルさんです。今日は小さなカエルさんを連れてきたよ。あまりにも小さいから、大きくなるように、みんなでおまじないをかけてみよう。

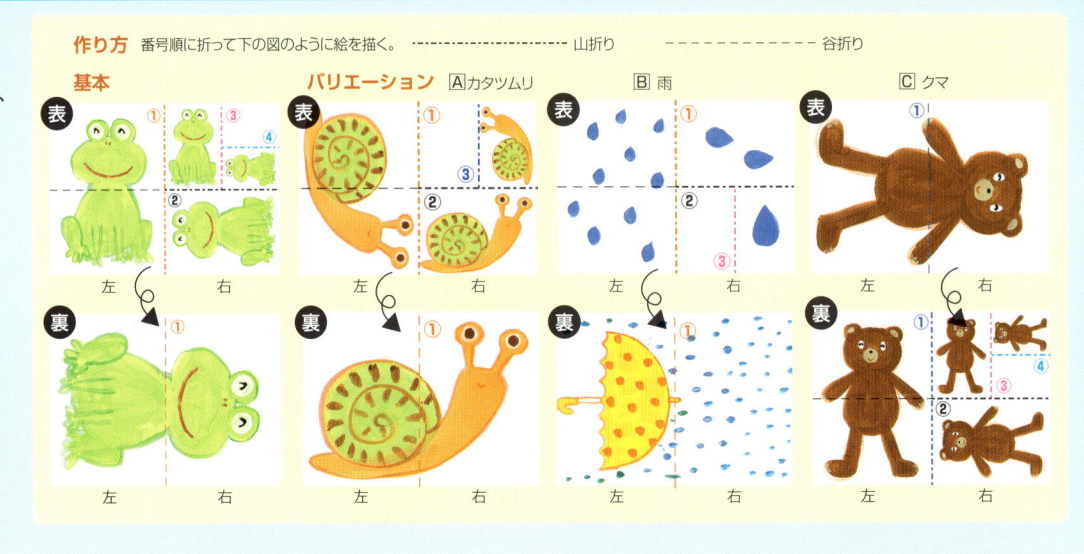

作り方　番号順に折って下の図のように絵を描く。　―――― 山折り　－－－－ 谷折り

基本／バリエーション A カタツムリ／B 雨／C クマ

遊び方
※始める前に、必ず上記のことばがけをしてください。

1 4回折り畳んだ画用紙を手に持ち、おまじないをかける。
「カエルさん大きくなあれ〜」

2 「ケロ！」で画用紙を広げ、縦にして中側を見せる。さらにおまじないをかける。
「ケロ！」「カエルさん大きくなあれ〜」

3 「ケロケロ！」で画用紙を広げ、縦にして中側を見せる。さらにおまじないをかける。
「ケロケロ！」「カエルさんもっと大きくなあれ〜」

4 「ケロケロケロ！」で画用紙を広げ、縦にして中側を見せる。みんなでおまじないをかける。
「ケロケロケロ！」「みんなも言ってみよう！カエルさんもっと大きくなあれ〜」

5 「ケロケロケロケロ！」で画用紙を広げ、縦にして中側を見せる。
「ケロケロケロケロ！」「わぁ!! こんなに大きくなっちゃった〜！びっくりケロ〜」

III いろいろシアター

バリエーション
※p.66の遊び方で、A〜Cのようにも遊べます。
続けてやってみたり、組み合わせてやってみたりしても楽しいです。

A カタツムリ

1 3回折り畳んだ画用紙を手に持ち、おまじないをかける。

「カタツムリさん大きくなあれ〜」

2 「ヌル〜!」で画用紙を広げ、横にして中側を見せる。さらにおまじないをかける。

「ヌル〜」
「カタツムリさんもっと大きくなあれ〜」

3 「ヌルヌル〜!」で画用紙を広げ、横にして中側を見せる。みんなでおまじないをかける。

「ヌルヌル〜!」
「みんなも言ってみよう！カタツムリさんもっと大きくなあれ〜」

4 「ヌルヌルヌル〜!」で画用紙を広げ、横にして中側を見せる。

「ヌルヌルヌル〜!」
「わぁ!!こんなに大きくなっちゃった〜!!」

B 雨

1 3回折り畳んだ画用紙を手に持ち、おまじないをかける。

「雨さん、雨さん、もっと降れ〜」

2 「ポツリ!」で画用紙を広げ、縦にして中側を見せる。さらにおまじないをかける。

「ポツリ!」
「雨さん、雨さん、もっと降れ〜」

3 「ポツポツ!」で画用紙を広げ、少し増えたのが見えたら縦にして中側を見せる。みんなでおまじないをかける。

「ポツポツ!」
「みんなも言ってみよう！雨さん、雨さん、もっと降れ〜」

4 「ポツポツポツ!」で画用紙を広げ、縦にして中側を見せる。

「ポツポツポツ!」
「ザーザーザー!」
「わぁ、たいへん!大雨だ!傘をさそう」

※次のページにバリエーションCがあります。

Ⅲ-3 大きくなあれ！

バリエーションのつづき

C クマ ※ここでは、小さくなるパターンです。p.66のことばがけを、クマさんを小さくかわいらしくする内容にして始めましょう。

1 紙を開いた状態で、おまじないをかける。

「クマさん クマさん 小さくなあれ」

2 「ポン！」で画用紙を畳んで縦に持ち、外側を見せる。さらにおまじないをかける。

「ポン！」
「クマさん クマさん 小さくなあれ」

3 「ポンポン！」で画用紙を畳んで縦に持ち、外側を見せる。みんなでおまじないをかける。

「ポンポン！」
「みんなも言ってみよう！クマさん、小さくなあれ」

4 「ポンポンポン！」で画用紙を畳んで縦に持ち、外側を見せる。さらにみんなでおまじないをかける。

「ポンポンポン！」
「クマさん、もっともっと小さくなあれ」

5 「ポンポンポンポン！」で画用紙を小さく畳んで縦に持ち、外側を見せる。

「ポンポンポンポン！」
「わぁ〜、クマさんこんなに小さくなっちゃった〜！」

アレンジ

小さくなる逆バージョンも！

●クマさんのように「雨さん、雨さん、小降りになあれ」というふうに畳んでいって、小さくしていくなどの逆バージョンも楽しめます。魚や花、食べ物など、いろんな物を作ってみましょう！

おにぎりくんで遊ぼう！

おにぎりくんを大きくしたり小さくしたりして、遊んでみましょう。どんな動物が食べるおにぎりかな？

Ⅲ いろいろシアター

4. 夏におすすめ！
色画用紙シアター 花火が ドン！

紙で演じる花火です。ドドーン！ ときれいに打ち上げて、子どもたちと盛り上がりましょう！

用意するもの：黒色画用紙、色紙

用意するもの
基本：黒色の八ツ切色画用紙2枚、色紙数種類
バリエーション：下記を用意すると、次のページからも楽しめます。
Ⓐ～Ⓒそれぞれ黒色の八ツ切色画用紙2枚、色紙数種類
Ⓓ黒色の四ツ切色画用紙、色紙数種類
※型紙と作り方はp.131～132。

導入のことばがけ例
みんな、花火は見たことある？ どんな花火があるかな？ 今日はいろんな花火が出てくるよ。

遊び方

1 花火を描いたり、色紙で作った花火をはったりした黒い画用紙の上に、同じ大きさの黒い画用紙を重ねて持つ。

　今から花火を打ち上げます～！見ててね～。

2 セリフに合わせて、ゆっくり上の黒い画用紙を引き上げていく。

　シュルシュルシュル～～～。

3 最後に、上の黒い画用紙を大きく跳ね上げて外す。

　ドド～～ンッ！

4 子どもたちに見せる。

　わあ、見て見て、ウサギさんみたいな花火、かわいいねえ。

Ⅲ-4 花火が ドン!

バリエーション

A 連発花火

1 打ち上げ花火と同様に黒い画用紙を重ねて、少し引き上げる。

「今度は、どんなのかな？パンパンッ!」

2 黒い画用紙を引き上げて、連発花火をすべて見せる。

「パンパンパンッ! 連発だ〜。みごとに上がったね。たまや〜っ!」

B 大きな花火

黒い画用紙を重ねて持ち、パッとめくる。

「ヒュ〜〜ンッ! ドド〜〜ンッ! わあ! 大きな花火だ! たまや〜っ!」

C ナイアガラ

1 黒い画用紙を重ねて持ち、引き下げる。

「わぁ、小さいよ。どんなのかな？」

2 黒い画用紙をさらに引き下げていく。

「シャラシャラシャラシャラ〜〜ッ。」

3 黒い画用紙を引き下げ、すべて見せる。

「ナイアガラの滝でございます! きれいだねえ〜〜っ。」

Ⅲ いろいろシアター

アレンジ ※手に持って楽しむ花火もできます。

線香花火

1 線香花火の絵を描いた紙を、①〜④の順番になるように持つ。

> 線香花火、みんな〜やったことあるかな？

2 セリフに合わせて1枚めくり、②を見せる。

> 火をつけて……パチパチパチパチ〜〜ッ。

> わあ！きれいきれい。

3 紙をさらにめくり、③を見せる。

> わぁ……大きな玉ができたよ。

> あぁ〜、落ちる落ちる〜

4 最後に④の紙を見せる。

> あ〜落ちちゃった〜。

線香花火の作り方

黒色の四ツ切色画用紙を①〜④のように切って、色紙をはります。場面ごとに4種類作ると、変化のようすがわかりやすくなります。

場面ごとに作って、変化のようすをわかりやすく！

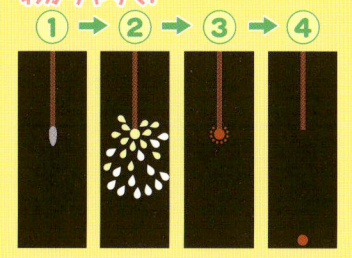

① → ② → ③ → ④

ほかにはどんな花火があるかな？

● ほかにも、ネズミ花火やロケット花火など、いろいろな花火を作ってみましょう。
● 子どもたちといっしょに、パスやクレヨンで好きな絵を描いたり、色紙や色画用紙を切ってはったりして、自分だけの花火を作ってみましょう。

おにぎりくんで遊ぼう！

おにぎり花火を飛ばしてみよう。夜空に輝くことができるかな？

71

III いろいろシアター

5. 秋におすすめ！
ペープサート な〜んの 木？

紙の表と裏で表現する、簡単なペープサートです。

基本の絵人形
リンゴ 表　　　裏

用意するもの
基本：緑色の八ツ切色画用紙（リンゴの表と裏）、割りばし
バリエーション：基本と同じ（Ⓐカキ、Ⓑブドウ、Ⓒクリ、Ⓓサル）
※八ツ切色画用紙半分が、大きさの目安です。
※花や葉っぱの絵を描いた紙と、果実の絵を描いた紙に割りばしを挟み、はり合わせる（ペープサートの基本の作り方はp.10参照）。
※型紙はp.133。

Ⓐカキ 表　　　裏
Ⓑブドウ 表　　　裏
Ⓒクリ 表　　　裏
Ⓓサル 表　　　裏

導入のことばがけ例
秋の果物って、どんな物があるか知ってる？ 果物は、お花が咲いた後、お水やお日さまから栄養をもらって大きくなって、おいしい実ができるんだよね。これから見せる木には、どんなお花や葉っぱがついているかな、そしてどんな果物ができるかな？

遊び方

1 リンゴの木の表（花）を見せる。
「これはなんの木かな？ 赤い実がなるよ。」

2 左右にクルクル回す。
「わかったかな？」

3 リンゴの木の裏（実）を見せる。
「リンゴでした〜。」

バリエーション

※左の遊び方で、Ⓐ〜Ⓓのようにも遊べます。続けてやってみたり、組み合わせてやってみたりしても楽しいです。

Ⓐ カキ

1 カキの木の表（花）を見せる。
「これは、な〜んの木？ お花を見たことがあるかな？」

2 左右にクルクル回す。
「わかるかな？ オレンジ色の実だよ。」
クルクル〜

3 カキの木の裏（実）を見せる。
「カキでした〜。」

バリエーションのつづき

B ブドウ

1 ブドウの木の表（つる）を見せる。

> これは、な〜に？
> つるが巻き付いているね。

2 左右にクルクル回す。

> 葉っぱもよく見てね。

3 ブドウの木の裏（実）を見せる。

> ブドウでした〜。

C クリ

1 クリの木の表（イガ）を見せる。

> あれれ？
> これは、な〜に？

2 左右にクルクル回す。

クルクル〜

> この中に入っている物は、ちょっと硬いよ

3 クリの木の裏（実）を見せる。

> クリの実でした〜。

※次のページにバリエーションDがあります。

Ⅲ-5 な〜んの木?

バリエーションのつづき

D サル

1 サルの木の表（おしり）を出す。

「これはな〜んの木？」

2 スピードを変えながら、左右にクルクル回す。
※当たらなければ回転をゆっくりにする。

「あれあれ、モモかな？違う？」

クルクル〜

3 サルの木の裏（サル）を見せる。

ウキー！

「ありゃりゃ！果物かと思ったら、サルのおしりでした〜。おしまい！」

アレンジ

果物、動物、ほかにもアレンジいろいろ！

- ほかにも季節の果物がなる木を考えて演じてみましょう。
- その果物の特長をヒントとして出すので、子どもにわかるように描きましょう。
- 年長児が自分で作って、クイズ大会をするのもおもしろいです。
- 木をそのまま壁面いっぱいに飾ったり、発表会の背景（森など）に利用したりしてみましょう。
- 木に限らず、しっぽやおしりを描き、裏に顔を描いて、「だれのおしり？」にしても楽しいです。

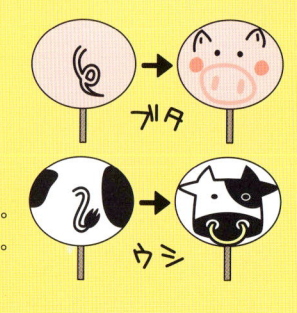

ブタ → 　　ウシ →

おにぎりくんで遊ぼう！

おにぎりくんのおともと言えば梅干し。ウメの木も作ってみては……？

III いろいろシアター

6. 冬におすすめ！①
紙コップシアター クリスマスパーティー

身近な物を使って豪華に見せる紙コップシアターです。紙コップがどんな物に変身するのかな？

用意するもの
紙コップ 38個 ほか

用意するもの
基本：紙コップ（×38）、ポスターカラーまたは濃いめに溶いた絵の具、てんし（丸いシール）、色画用紙（ロウソクの炎、トナカイの角と鼻、サンタのひげ、イチゴ、ツリーの飾り）、両面テープ
※型紙はp.133。

準備
① 図Aを参照して、紙コップに色を塗る。
② 色画用紙を切り、ロウソクの炎・プレゼント・ツリーの飾り・イチゴなどを作る（星などはクラフトパンチを使うと便利）。
③ 遊びの途中で紙コップにはる物の裏に両面テープをつけて、使う順番に並べておく。
④ 紙コップを図Aの順番（上の紙コップから使う）どおりに重ねる。

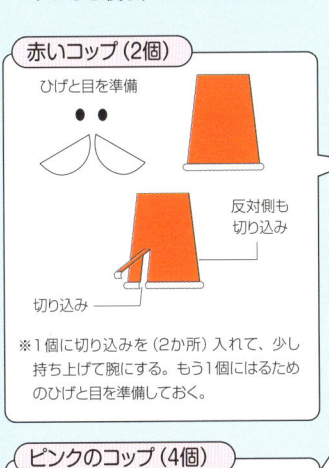

図A 紙コップの重ね方
- ロウソク（黄色6個）※1個は鐘、3個はケーキにも流用。
- トナカイ（茶色4個）
- サンタ（赤色2個）
- 袋（白色1個）
- ツリー（緑色10個）
- ケーキ（ピンク色4個・白11個）

赤いコップ（2個）
ひげと目を準備
反対側も切り込み
切り込み
※1個に切り込みを（2か所）入れて、少し持ち上げて腕にする。もう1個にはるためのひげと目を準備しておく。

ピンクのコップ（4個）
※ピンク色の紙コップに、イチゴの色画用紙をはっておく。

導入のことばがけ例
みんなはクリスマスって知ってるよね？　何がいちばん楽しみ？　サンタさんからどんなプレゼントがもらえるかな？　クリスマスの夜には、サンタさんが世界中のお友達に、プレゼントを配りに行くんだって。さあ、サンタさん、準備はできたかな？

遊び方

1 「メリークリスマス！」と言ったり、クリスマスソングをうたったりしながら、重ねた紙コップを帽子に見たてて頭にのせて登場する。

「メリークリスマス！」

2 紙コップをテーブルに置き、黄色を1個取って、鐘が鳴っているように振る。

「遠くのほうで鐘の音が聞こえます。」
「今日は、みんなが待ちに待った、クリスマス（お楽しみ会）です。」
ゴーンゴーンゴーン

※次のページにつづきます。

Ⅲ-6.① クリスマスパーティー

3 黄色の紙コップを6個並べ、ひとつずつに炎をはる。

「ロウソクに火をつけて……。」

「パーティーの準備をしましょう。」

4 ロウソクを下げ、茶色の紙コップを4個並べて、先頭の紙コップに角と、目と鼻（てんし）をはる。

「夜になりました。あ、トナカイの鈴の音だ！」

「シャンシャンシャン……」

5 赤い紙コップに目とひげをはり、腕を折り上げたサンタの体にのせて子どもたちに見せる。顔を動かしながら子どもたちを見回したり、話しかけたりする。

「ホホ〜！」

「サンタさんも来ましたよ。」

6 トナカイの上にサンタをのせて、その後ろに袋に見たてた紙コップ（中にプレゼントの紙を入れて上向きにする）をのせる。

「さあ、出発〜！」

「みんなのところに、プレゼントを届けに行くよ。」

Ⅲ いろいろシアター

7 緑色の紙コップを真ん中に置き、目的地に到着。サンタの袋からプレゼントを配る。

「白い袋には……」
「みんなのプレゼント！」

8 緑の紙コップを重ねたまま、かわいいシールやブーツ型に切った紙などをはって飾る。

「ツリーをきれいに飾りましょう。」
「今日は楽しく過ごしましょうね。」

9 ツリーを端に寄せて、白い紙コップを下から6個・5個と積む。その上にピンクの紙コップを4個（イチゴをはってある）・黄色の紙コップを3個（炎をはってある）をそっと積み上げて、ケーキに見たてる。

「完成〜。メリークリスマス！」
「おいしいケーキも作りましょう。クリームたっぷりの大きなケーキを作ろうね。」

アレンジ

ケーキについての話題を広げてみよう！

- 最後に、「今日のおやつには、本物のケーキが出るからお楽しみにね」、「○日にはケーキ作りをするからお楽しみにね」など、行事に合わせて付け加えてもよいでしょう。
- ケーキに使う果物の種類や、はり方などは、ほかにもいろいろ考えてみましょう。子どもが作ったり、おうちの人と作ったりしてみるのも楽しいですよ。

おにぎりくんで遊ぼう！

おにぎりくんの家で、クリスマスパーティーをしている場面にしても楽しいですね。

III いろいろシアター

6. 冬におすすめ！②
パネルシアター コタツの 中

コタツの中でぬくぬく暖まっているのはだれ？ 楽しいパネルシアターの始まりです。

基本の絵人形：コタツ、ネコ

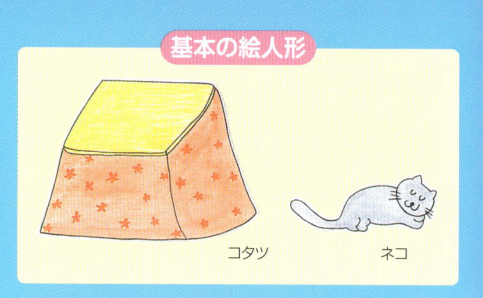

用意するもの
基本：パネルなど（p.7参照）、絵人形… コタツ、ネコ
※コタツの裏に接着剤でパネル布をつけておく（p.8「重ねばり」参照）。
バリエーション：下記の絵人形も用意すると、次のページからも楽しめます。
Ⓐ焼きイモ　Ⓑぬいぐるみ　Ⓒ洗濯物　Ⓓお母さん
※洗濯物は、糸でつないでおく（p.9「糸留め」参照）。
※お母さんの顔や手を糸留めしておく（p.9「糸留め」参照）。
※型紙はp.134。

導入のことばがけ例
みんな、コタツって知ってる？ あれ？ コタツの中に何かが隠れているよ。

コタツの中
作詞・増田裕子　作曲・平田明子

♪ ぬくぬく（ぬくぬく）ほかほか（ほかほか）
コタツの なかに（なかに）かくれて（かくれて）
いーるよ（いーるよ）なにが かくれてる

ね	ー	こ	が	かくれてた（ニャー）
や	き	いも	が	かかかかか（ホカホカ）
ぬ	い	ぐるみ	が	かかかかか（ピョン）
せん	たく	もの	が	かかかかか（ズルズル）
お	か	あ	さん	かかかかか（あーよくねたわ）

※特に練習しなくても、簡単に遊べます。うたわずに、言葉のやりとりで遊んでもOK。

遊び方

1 パネルに、ネコを隠したコタツをはり、歌をうたう。子どもたちは、保育者がうたった後、（　）内をうたう。歌の途中で何が隠れているか問いかける。

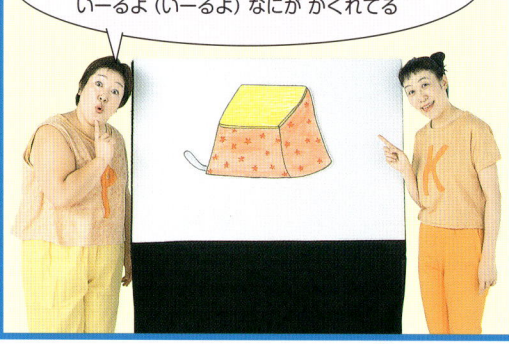

♪ぬくぬく（ぬくぬく）ほかほか（ほかほか）
コタツの なかに（なかに）かくれて（かくれて）
いーるよ（いーるよ）なにが かくれてる

※黒い布をパネルの下にクリップで留め、後ろに台を置き、絵人形がすぐ出し入れできるようにしています。

2 コタツからネコを出す。

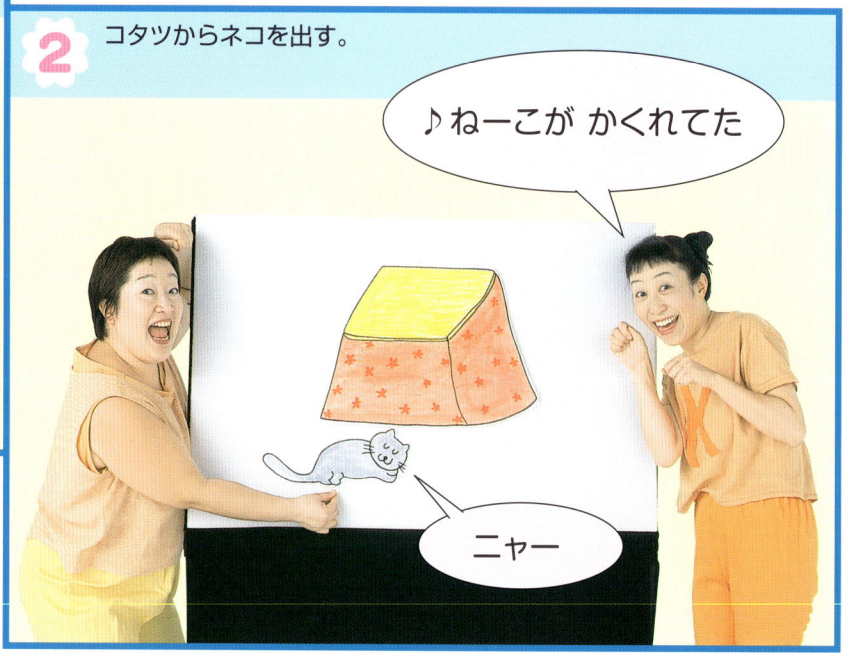

♪ねーこが かくれてた
ニャー

バリエーション

※p.78の遊び方で、A〜Dのようにも遊べます。
続けてやってみたり、組み合わせてやってみたりしても楽しいです。

A 焼きイモ

1 パネルに、焼きイモを隠したコタツをはり、歌をうたう。歌の途中で何が隠れているか問いかける。

- 今度はいいにおいがしてきたよ。
- ♪ぬくぬく〜 なにがかくれてる

2 コタツから焼きイモを出す。

- ハフハフ、おいしい!
- ♪やきいも かくれてた
- ホカホカ

B ぬいぐるみ

1 パネルに、ぬいぐるみを隠したコタツをはり、歌をうたう。歌の途中で何が隠れているか問いかける。

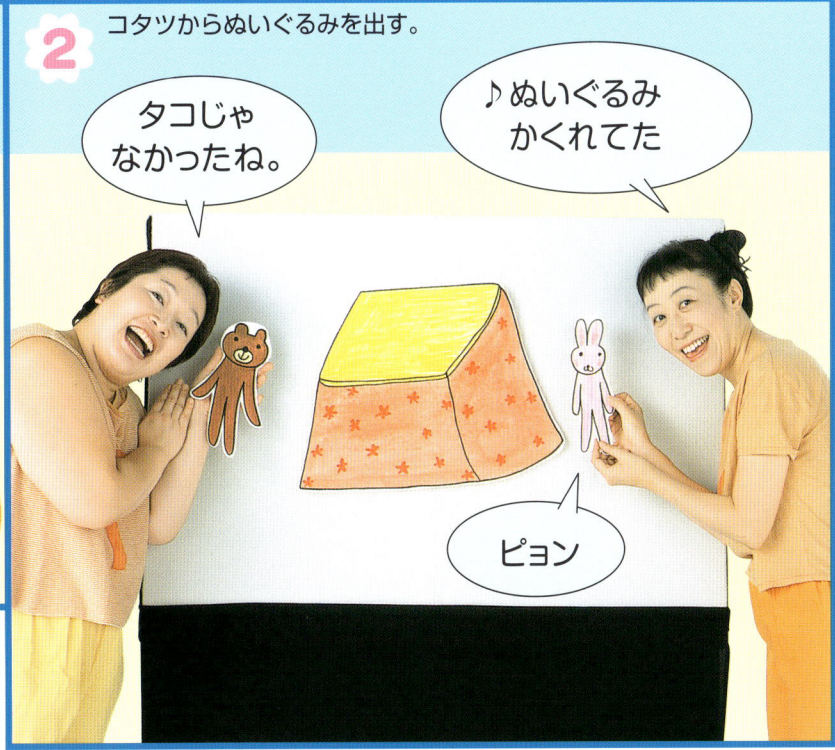

- 今度はなんだろう?
- ♪ぬくぬく〜 なにが かくれてる タコの足かな?

2 コタツからぬいぐるみを出す。

- タコじゃなかったね。
- ♪ぬいぐるみ かくれてた
- ピョン

※次のページにバリエーションC・Dがあります。

Ⅲ-6.② コタツの中

バリエーションのつづき

C 洗濯物

1 パネルに、洗濯物を隠したコタツをはり、歌をうたう。歌の途中で何が隠れているか問いかける。

♪ぬくぬく〜 なにが かくれてる

積み木？ ブロック？

2 洗濯物の先頭を持って、スルスルと引き出す。

♪せんたくもの かくれてた

よ〜く 乾いたね。

ズルズル

D お母さん

1 パネルに、お母さんを隠したコタツをはり、歌をうたう。歌の途中で何が隠れているか問いかける。

今度は……これなーに！？

♪ぬくぬく〜 なにが かくれてる

モジャモジャ してるよ！

2 お母さんを引き出す。

びっくり したよ〜。

あれあれ！お母さん！ここで寝てたのね〜？

3 お母さんを裏返して笑顔にし、手を動かして表情をつける。

♪おかあさん かくれてた

まったく お母さんたら……

あ〜よくねたわ

アレンジ

おもしろアレンジもやってみよう！

●コタツが大きめなので、隠す絵人形をほかにもいろいろ考えてみましょう。ヘビ→マフラー、雪だるま→もち、電球→おじいちゃんの頭などもおもしろいです。

雪だるまと思ったらおもち

ヘビと思ったらマフラー

電球と思ったらおじいちゃん

おにぎりくんで遊ぼう！

コタツの中におにぎりくんも隠してみましょう。

III いろいろシアター

7. 春におすすめ！
色紙シアター　卒園おめでとう

この1年間で、どんなことがあったかな？　色紙シアターを使って、振り返ってみましょう。

用意するもの 
切り抜いた色紙　バックの色紙
そのほかは、左の用意するものを参照。

用意するもの
基本：色紙（大きいサイズを数色）、台
※一枚の色紙を、それぞれの形に切り抜く。もう一枚のバックの色紙は、それぞれに合わせて色を組み合わせたり、模様をつけたりする。
※型紙はp.135。

（切り抜いた色紙／バックの色紙　一覧）

導入のことばがけ例
3月になりましたね。年長組のお友達はあと少しで卒園（修了）です。園でいろいろな出来事がありましたね。どんなことがあったか、みんなで思い出してみましょう。

遊び方

1 色紙（上半分赤色、下半分緑色）を出す。

＞まずは春です。
＞春はどんなことがあったかな？

2 手前に、チューリップの形に切り抜いた色紙を置く。

3 色紙2枚をしっかり重ねて持ち、思い出や保育者が思ったことを話す。終わったら下げて、次の場面も同様に繰り返す。

＞春、チューリップの咲く4月に、みんなは○○組になりました。
＞みんなに会えて、お花もうれしそうだったよ。

Ⅲ-7 卒園おめでとう

4 黄色の色紙の手前に、オレンジの切り抜いた色紙（人間を表している）を置く。

> 初めて会うクラスの友達、いっぱいいてドキドキしたね。

> 小さいクラスのときからいっしょに過ごした友達もいたね。

5 黄色の色紙の手前に、動物に切り抜いた緑色の色紙を置く。

> みんなで遠足にも行ったね。

> 動物園にはいろんな動物がいたね。

6 青色の色紙の手前に、シャワーや水しぶきに切り抜いた水色の色紙を置く。

> 夏は、プールでジャブジャブ泳いで楽しかったね。

7 左右を赤・白に分けた色紙の手前に、玉入れの形に切り抜いた、水色の色紙を置く。

> 秋には、運動会があったよね！

> 玉入れもがんばりました。

8 赤紫色の色紙の手前に、サツマイモの形に切り抜いた黄土色の色紙を置く。

> おイモ掘りもしたよ。

> 焼きイモを食べて、おいしかったね。

9 子どもの顔を描いた色紙の手前に、顔の輪郭を切り抜いた黄色の色紙を置く。

> いつもいっしょにいたから、今はこんなに仲よし。

11 黄色の色紙の手前に、子どもたちの形に切り抜いたモモ色の色紙を置く。

> 年長組のお友達、卒園おめでとう。

> みんなで過ごした○○園やクラスの思い出を忘れないでね!

10 花の中心を描いた薄モモ色の色紙の手前に、花びらの形に切り抜いた黄緑色の色紙を置く。

> みんなたくさん遊んで大きくなりました。

> サクラが咲いて年長組のお友達は1年生になるんだね。

おにぎりくんで遊ぼう!

おにぎりくんたちの形を切り抜いて遊んでも楽しいですね。

ちょこっとコラム　おにぎりくんと もっと 遊ぼう！

> おにぎりくんは人気者！

おにぎりくん なぞなぞ

おにぎりくんが食べ物のなぞなぞを出題します。

「黄色くて 長くて 甘い物 なぁ〜んだ？」

「バナナ！」「バナナ！」「バナナ！」

おにぎりくん かくれんぼ

おにぎりくんを後ろに隠して、どこに隠れているのか、子どもたちに当ててもらいます。

「おにぎりくん ど〜こだ？」
「ここ〜！」「そこ〜！」

低年齢児さんに　おにぎりくんの「いない いない ばぁ」

低年齢児には、裏を向けた状態から「いない いない ばぁ」で表を向けて遊びます。

「いない いない……」「ばーっ！」

おにぎりくんのまねっこ

おにぎりくんのまねをして、転がったりジャンプしたりして、みんなで同じ動きをします。

「ジャ〜ンプ！」

おにぎりくん拍手遊び

おにぎりくんがひざからジャンプをしている間、拍手をします。ひざに着いたら、拍手をやめます。ジャンプをしそうでしなかったり、「大きなジャンプ」で拍手を大きくしたりしても楽しいでしょう。

「はい！ジャンプ！」
「パチパチ……」「パチパチ……」「パチパチ……」

IV いろんな遊び盛りだくさん!!

ちょこっとネタがいっぱい！
組み合わせたり、アレンジしたり……、
いろいろやってみてね！

低年齢児とも
楽しく遊べちゃう！
「いち・にの
まねっこ」

ちょこっと
グッズにも
注目!!

「うたって
おえかきも」
あるよ！

リズムに合わせて
体を動かそう！
「うきうきたいそう」

IV いろんな遊び盛りだくさん!!

IV-1. いち・にのまねっこ ①
おにぎり

簡単な動きで、おにぎりのまねをしてみましょう。子どもと向かい合いながら顔の表情を豊かにすると、より楽しめます。

こんなときに演じてみよう!
入園・進級後のお弁当や給食の始まり、園外保育が待ち遠しくなる季節に。食育のきっかけにもいいですね。

導入のことばがけ例
もうすぐなんの時間かな? みんな楽しみなお弁当の時間だよ。今日は何が入っているかな? じゃあ、おにぎりのまねっこをしてみようか?

いち・にのまねっこ
作詞・平田明子　作曲・増田裕子

いちにのまねっこ　いちにのまねっこ　[おにぎり]
なってみよう　「おにぎり!」

※うたわずに、言葉のやりとりだけで遊んでもOK。

遊び方
3小節目の□に「おにぎり」を入れて、拍手をしながらうたいます。最後の「おにぎり!」で、①・②の動作をします。

おに
①手のひらを上にして、両腕を広げる。

ぎり 
②頭の上で三角を作る。

まねっこアレンジ
「小さいおにぎり」「大きいおにぎり」など、表現を変えても楽しいですね。また、サンドイッチやのりまきなども、イメージを膨らませて遊んでみましょう。

サンドイッチ　ぎゅっ!
のりまき　くるっ!

ちょこっとグッズ
ビニールプールや段ボールなどをお弁当箱に見立てて。

ちょこっとグッズ
体操服や白いTシャツの前後に、黒い画用紙をはるだけで、おにぎりのイメージがさらに膨らみます。
丸めたクラフトテープで、画用紙の四隅を留める。

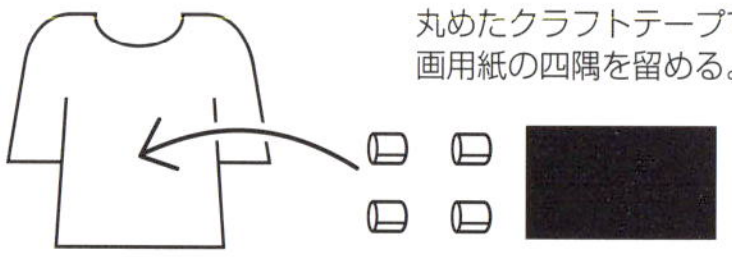

ちょこっとグッズ
段ボールをおにぎりの形に切り、色画用紙をはる。顔の形に切り抜き、幅広ゴムを後ろからはり、かぶれるようにする。

Ⅳ-1. いち・にのまねっこ ②
おはな

顔を見合わせて、さまざまな表情を楽しみましょう。どんな表情になるかな？

こんなときに演じてみよう！
お散歩や園外保育の前後など、花に興味を持ち始める時期に楽しむといいですね。

導入のことばがけ例
なんだかポカポカしてきたね。お外では、チョウチョウも小鳥も元気に遊んでいるね。先生は今から、チョウチョウさんが大好きな物に変身するよ。

遊び方
p.86の『いち・にのまねっこ』の3小節目の□に「おはな」を入れて、拍手をしながらうたいます。最後の「おはな！」で、①・②の動きをします。

① 横斜め下を向いて、顔を両手で覆う。

② 正面を向きながら、顔の横で両手を開く。

まねっこアレンジ
②の「な」では、かわいい顔やおもしろい顔など、いろいろな表情をして遊んでみましょう。

にこっ！

むにゅ！

おは〜

ちょこっとグッズ
シャンプー補助具に色画用紙などで花びらを付けて、大きな花を演出。シャンプー補助具の代わりに、丸く切った段ボールでもいいですね。

Ⅳ-1. いち・にのまねっこ ③
かえる

思い切りジャンプをして、全身で遊びましょう。どこまでジャンプできるかな？

こんなときに演じてみよう！
梅雨の時季は、室内での活動が多くなりがちです。そんなとき、全身を動かす遊びとしてぴったりです。

導入のことばがけ例
お外は雨が降っているね。雨が大好きな生き物を知っているかな？　ピョンピョンピョーン！　なぁんだ？　いっしょにまねっこしてみよう！

遊び方

p.86の『いち・にのまねっこ』の３小節目の□に「かえる」を入れて、拍手をしながらうたいます。最後の「かえる！」で、①・②の動きをします。

①手を前に出してしゃがむ。

②両手を上げて、ジャンプする。

まねっこアレンジ

ジャンプが無理な場所なら、その場での「伸び縮み」で、かえる泳ぎのまねっこをしてみましょう。

ちょこっとグッズ

カラー帽子に、布や色画用紙でかえるの目玉を付けてみると、さらに楽しくなります。

Ⅳ-1. いち・にのまねっこ ④
かに

低年齢児には、ちょっと難しい動きの「チョキ」ですが、楽しみながら、ちょっとずつチャレンジしてみましょう。

こんなときに演じてみよう！
海の生き物や水族館のごっこ遊びなどにも使えます。発表会でのかに役の動きに取り入れてみてもいいですね。

導入のことばがけ例
両手をチョキにして、チョキチョキチョキチョキ。海の生き物なぁんだ？　今度は片足を上げてみるよ。いっしょにまねしてみよう。せーの！

遊び方
p.86の『いち・にのまねっこ』の3小節目の□に「かに」を入れて、拍手をしながらうたいます。最後の「かに！」で、①・②の動きをします。

①両手をグーにして、前で交差し、足はがにまたにして開く。

②両手をチョキにして、片足を上げる。

ちょこっとグッズ
かにのイメージで、赤やオレンジのカラーポリ袋に穴を空けてかぶったり、三角に折って背中からはおり、胸のところで結んでベスト風にするのもいいですね。

まねっこアレンジ
②の「に」で、片足立ちの動きがまだ難しいようであれば、「グー」から「チョキ」へ手の動きだけをピックアップして、まねっこを楽しみましょう。

Ⅳ-1. いち・にのまねっこ ⑤
はなび

初めは小さくなって、そして大きくジャンプ！ 夏の風物詩、大きな大きな花火が打ち上がります。

こんなときに演じてみよう！
夏祭りの前後や、夏の思い出の絵を描くときなどにもいいですね。全身を使って表現すると、イメージもさらに膨らみます。

導入のことばがけ例
夜の空に咲く花は何かな？ 赤や黄色や水色もあるよ。最初は小さくヒュー……。イッキに咲くよ、ドカン！ みんなでやってみよう！

遊び方
p.86の『いち・にのまねっこ』の3小節目の□に「はなび」を入れて、拍手をしながらうたいます。最後の「はなび！」で、①・②の動きをします。

①両手を合わせてしゃがむ。「はな」

②大の字になりながら、ジャンプする。「び」

ちょこっとグッズ
カチューシャにモールを付けて、キラキラテープやぼんぼりで飾り付けしましょう。

まねっこアレンジ
「小さな花火」「細長い花火」など、大きさや形を変えてみてもいいですね。赤色・黄色・水色グループを作り、「赤い花火が咲くよ、せーの！」「次は、黄色の花火が咲くよ、せーの！」などと、ゲームみたいにしても楽しいです。

Ⅳ-1. いち・にのまねっこ ⑥
にんじゃ

サッサカ走って、ピタッと決めポーズ！ 子どもたちの大好きな忍者になりきって遊びましょう。

こんなときに演じてみよう！

毎日のごっこ遊びにも広げやすい、まねっこ遊びです。発表会の劇遊びや、先生の出し物としても楽しめます。

導入のことばがけ例

しーっ！ みんな静かにしてみて。何か足音が聞こえないかな？ だんだん近づいてくるよ。あれ？ もしかして忍者かな？ ○○組が忍者屋敷になりますよ。みんなも忍者のまねっこしてみよう！

遊び方

p.86の『いち・にのまねっこ』の3小節目の□に「にんじゃ」を入れて、拍手をしながらうたいます。最後の「にんじゃ！」で、①・②の動きをします。

①上半身をかがめて、すり足で歩く。

にーん〜

②両手のひとさし指を立てて、一方を握って決めポーズをする。

じゃ！

ちょこっとグッズ

薄手の黒い布を頭や口もとに巻きます。きつくなりすぎないように注意しましょう。

① にーんー

じゃ！

②

まねっこアレンジ

ひととおりまねっこをして慣れたら、初めの足を細かく動かす「にん」を長く引っ張り、次の「じゃ」でピタッと止まってポーズをとるなど、タイミングを早くしたり遅くしたりして楽しんでみましょう。

Ⅳ-1. いち・にのまねっこ ⑦
フラミンゴ

片足で立つ、ほんのりピンクの鳥、フラミンゴ。初めて見る子どもたちにとっては、驚きと感動がありますね。

こんなときに演じてみよう！
片足立ちができ始めた子どもたちの遊びにぴったりです。動物園への園外保育の後や、図鑑などを見てまねしてみましょう。

導入のことばがけ例
今日のまねっこ遊びは、背が高く、片足で立つ鳥、フラミンゴです。おっとっと、うまく立てるかな？

遊び方
p.86の『いち・にのまねっこ』の3小節目の□に「フラミンゴ」を入れて、拍手をしながらうたいます。最後の「フラミンゴ！」で、①・②の動きをします。

①両手をまっすぐ上へ伸ばす。
「フラミン」

②両手を下ろして後ろに伸ばし、片方のふとももを前に上げる。
「ゴ」

まねっこアレンジ
何度かまねっこ遊びを楽しみ、片足立ちに慣れてきたら、2ポーズ目の「ゴ」で、立つ足を入れ替えてチャレンジしてみましょう。

ちょこっとグッズ
ピンク色の不織布や布を丸めて、色画用紙などでくちばしや目玉を付け、あごにかけるゴムを付けます。カラー帽子のつばをくちばしに見たててもいいですね。

フラミンゴ

①
②

Ⅳ-1. いち・にのまねっこ ⑧
おすもうさん

「はっけよい、のこった!」おすもうさんごっこの始まりです。「どすこいどすこい」おすもうさんの掛け声もまねしてみましょう。

こんなときに演じてみよう!
寒い季節、室内遊びが増えてしまいがちですが、室内でも元気に遊びましょう。

導入のことばがけ例
すもうって知っているかな? 丸い土俵の中で向かい合って勝負するよ。おすもうさんの動きをまねしてみよう!

遊び方
p.86の『いち・にのまねっこ』の3小節目の□に「おすもうさん」を入れて、拍手をしながらうたいます。最後の「おすもうさん!」で、①・②の動きをします。

①両足をがにまたにして腰を低くし、両手を握って床に付ける。

②腰はそのままの体勢で上半身を起こし、片方の手を腰に、もう片方の手を前に突き出す。

ちょこっとグッズ
かつらを準備するのは難しいので、カラー帽子に毛糸を付けて、ちょんまげを作ってもいいですね。

まねっこアレンジ
力強い「しこ」を踏む動きでのまねっこも楽しめます。おすもうさんになりきって、楽しんでみてください。

片足を上げて……。

下ろしてポーズ!

慣れたら反対の足でもやってみましょう。

Ⅳ-1. いち・にのまねっこ ⑨
ゆきだるま

雪が積もったら、作りたくなる雪だるま。なかなか積もらなくても、まねっこ遊びで十分に楽しめます。どんな雪だるまになるかな？

> **こんなときに演じてみよう！**
> テレビや図鑑、絵本などに登場する雪だるまに、子どもたちが興味を持ち始めたら、やってみましょう。

導入のことばがけ例
お空から降ってくる白い物はなぁんだ？　そう、雪です。雪が積もったら何がしたいかな？　雪だるまもできるね。今日は、雪だるまに変身するよ。

遊び方
p.86の『いち・にのまねっこ』の3小節目の□に「ゆきだるま」を入れて、拍手をしながらうたいます。最後の「ゆきだるま！」で、①・②の動きをします。

①両足をがにまたにし、下を向いて両手で円を作る。

②上半身を起こしながら、両手の円をそのまま上げる。

まねっこアレンジ
両手でできるだけ大きな円を作ってみましょう。「小さい雪だるま」「特大雪だるま」など、変化をつけてみましょう。

ちょこっとグッズ
長方形の色画用紙を丸め、円筒形にしてゴムを付けると、雪だるまのバケツの代わりになります。

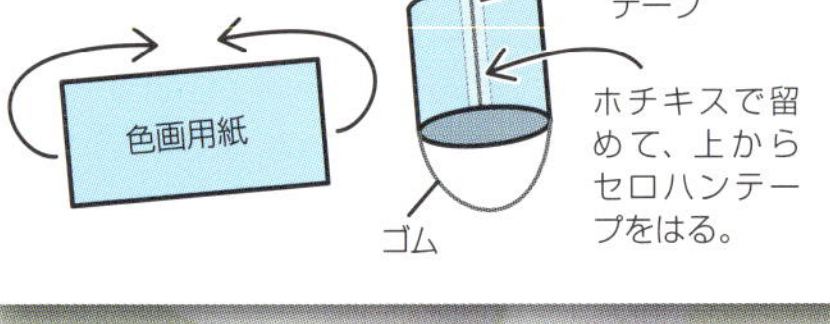

色画用紙／セロハンテープ／ホチキスで留めて、上からセロハンテープをはる／ゴム

Ⅳ-1. いち・にのまねっこ ⑩
スケート

氷の上をスーイスイ、すてきに滑ります。保育室を氷の張った湖やスケートリンクに見たてて、続けて滑ったり踊ったりしてみましょう。

こんなときに演じてみよう!

氷の張る季節にぴったりです。テレビなどでスケートをしているのを見て、興味を持つ子どもたちもいるでしょう。滑る動きを発表会に取り入れてもいいですね。

導入のことばがけ例

今日はとっても寒いね。ここは湖です。寒くて氷が張りました。何して遊ぼうかな? 今日のまねっこはスケートです。さぁ、楽しく滑りますよ!

遊び方

p.86の『いち・にのまねっこ』の3小節目の□に「スケート」を入れて、拍手をしながらうたいます。最後の「スケート!」で、①・②の動きをします。

①片方の足を前に出しながら、やや前かがみになり、両手を胸の前で交差する。

「スケー」

②後ろの足を伸ばしながら、両手を大きく開き、全身を大きく伸ばす。

「ト」

ちょこっとグッズ

不織布などを腰に巻いて、チュチュに見たててもいいですね。

まねっこアレンジ

②の「ト」では、片足上げが写真のようにうまくはできないかもしれませんが、ここはなりきって楽しむことがいちばんです。クルクル回るなど、アレンジを加えてもいいですね。

Ⅳ-1. いち・にのまねっこ ⑪
ロケット

友達と向かい合って、勢い良くジャンプ！　どれくらい高く飛べるかな？

こんなときに演じてみよう！
ふたりで協力して遊びます。初めての友達と仲良くなるきっかけにしたり、協力して何かをすることができるようになったころ、取り入れてみたりしましょう。

導入のことばがけ例
空に向かって飛び出すものは何かな？　そう、ロケットです。今日はふたり組でロケットになってみましょう！

遊び方
p.86の『いち・にのまねっこ』の3小節目の□に「ロケット」を入れて、拍手をしながらうたいます。最後の「ロケット！」で、①・②の動きをします。

①向かい合ってしゃがみ、両手を合わせて握る。

「ロケッ」

②ジャンプをしながら、両手を上げる。

「トー！」

まねっこアレンジ
今回はふたり組になってのまねっこです。伸び上がるタイミングが難しいようなら、「3・2・1、発射〜！」などと言ってもいいですね。

ちょこっとグッズ
色画用紙を丸めて三角コーンの帽子を作り、キラキラの折り紙やテープで飾ります。キラキラ感を出すと、気分がより盛り上がります。

ちょこっとグッズ
噴射のイメージで、靴下に赤やオレンジ色のスズランテープで飾り付けをしてもいいですね。

Ⅳ-1. いち・にのまねっこ ⑫
にじ

ふたり組で仲良く虹を作ります。体もしっかり伸ばして、笑顔でポーズ！

こんなときに演じてみよう！
体をしっかり伸ばす運動にぴったりです。アレンジによって、つながり遊びに広がります。たくさんつながって、クラス全員で遊びましょう。

導入のことばがけ例
雨上がり、お空に架かる大きな大きな橋は何かな？ きれいな七色をしているよ。ふたり組になってまねっこしてみよう！

遊び方

p.86の『いち・にのまねっこ』の3小節目の□に「にじ」を入れて、拍手をしながらうたいます。最後の「にじ！」で、①・②の動きをします。

①ふたり組になって横に並び、両手をグーにして、肩の近くに添える。

②内側に向かって伸び、友達と両手をつなぐ。

まねっこアレンジ

下のような動きにアレンジすると、数人で長いにじが作れます。クラスのみんなで遊んでみてください。

に ➡ じ

IV いろんな遊び盛りだくさん!!

IV-2. うきうきたいそう ①
ぞうさん ぶらぶら たいそう

子どもに大人気のぞうさん。簡単な歌に合わせて、全身を使いなりきって遊びましょう。

こんなときに演じてみよう!
動物園の園外保育前後や、リズム遊びでゆったりとした動きをしたいときなどにもいいですね。

導入のことばがけ例
長い鼻をブーラブラ、ゆったり歩く動物はなーんだ？ ぞうだね。腕を長く伸ばして、みんなでぞうさんになってみよう！

ちょこっとグッズ
カラー帽子に、布で目や耳・鼻を付けてもOK！

遊び方
腕をぞうの鼻に見たてて、リズムに乗って①・②の動作を繰り返します。
① 腕を大きく振り上げる。
② 腕を大きく振り下げる。

ぶーらぶら
ぞうのはな

ぞうさん ぶらぶら たいそう
作詞・平田明子　作曲・増田裕子

ぞうのはな　ぶーらぶら
ぶらぶらぶらぶら　ぶーらぶら

うきうきアレンジ
のんびり動くぞうの動きを楽しみましょう。ひざをついて「子どものぞう」（①'・②'）になったり、「元気なぞう」「ダンスをしているぞう」など、変化をつけたりすると、さらに楽しくなります。

Ⅳ-2. うきうきたいそう ②
ちょうちょう ひらひら たいそう

春になると飛びはじめるちょうちょう。みんなでなりきって遊んでみましょう。

こんなときに演じてみよう!
春の気配を感じる時季にぴったりです。室内でも戸外でも楽しく遊べます。

導入のことばがけ例
お花のみつが大好きで、きれいな羽を持っていて、ヒラヒラ飛ぶ生き物はなぁんだ？ そう、ちょうちょうだね。両手を広げて、いっしょに飛ぶよ。

遊び方

リズムに合わせて、ⒶやⒷの動きなど、自由に楽しみます。

Ⓐ歌に合わせて足踏みをしながら、両手を上下に動かす。

Ⓑ両手を上下に動かしながら、しゃがんだり、立ち上がったりする。

ちょうちょう ひらひら たいそう
作詞・平田明子　作曲・増田裕子

ひ　ら　ひら　ちょ　う　ちょ　ちょちょちょちょ　ちょうちょう
ひ　ら　ひら　ちょ　う　ちょ　ちょちょちょちょ　ちょうちょう

うきうきアレンジ
自由に表現を楽しみ、少し慣れてきたら、歌やテンポを変えてみましょう。また違ったちょうちょうの動きを楽しむことができますよ。

Ⅳ-2. うきうきたいそう ③
へびさん にょろにょろ たいそう

体をクネクネさせながら進むへびさん。今日はへびさんのにょろにょろ体操をやってみよう！

こんなときに演じてみよう！
全身をにょろにょろさせる動きです。動きが楽しいので、保育参観の親子遊びに取り入れても楽しいです。お互いの動きを見ると、さらに楽しくなります。

ちょこっとグッズ
カラー帽子に、赤いフェルトや色画用紙で舌をはり付けます。帽子は、どんな色でも楽しいですね。

導入のことばがけ例
クネクネクネクネ、長い体の生き物はなぁんだ？ 舌も細くて長いよ。両手を合わせて……にょろにょろ始めるよ！

遊び方
両手を合わせて、リズムに乗って体をくねらせる。

♪ へびさん にょーろり にょろにょろり ♪
♪ くねくね にょーろり にょろにょろり ♪

へびさん にょろにょろ たいそう
作詞・平田明子　作曲・増田裕子

へびさん にょーろり にょろにょろり
くねくねにょーろり にょろにょろり

うきうきアレンジ
立ったまま体をくねらせる動きに慣れてきたら、寝転がって体をくねらせながら進んだりしても楽しいですね。

IV-2. うきうきたいそう ④
かにさん チョキチョキ たいそう

ハサミをチョキチョキ横歩き。かにさんチョキチョキ体操をやってみよう！

こんなときに演じてみよう！
低年齢の子どもにとって、チョキの指はなかなか難しいものです。ジャンケンに興味を持ち始めるころなどに遊んでみてもいいですね。じょうずにできなくても、全身で楽しみましょう。

導入のことばがけ例
赤い色をした横歩きする生き物はなぁんだ？　両手にハサミを持っているよ。両手をピースにして、さぁ、かにさんになるよ。

Ⓐ

Ⓑ

ちょこっとグッズ
布やフェルトで綿をくるみ、目玉やハサミを作って、カラー帽子に付けるといいですね。

遊び方
リズムに合わせて、ⒶやⒷの動きをする。

Ⓐひざを外側に曲げ、両手をチョキにして、伸ばしたり下ろしたりする。

Ⓑ両手をチョキにして、片足を交互に上げる。

かにさん チョキチョキ たいそう
作詞・平田明子　作曲・増田裕子

チョキチョキチョキチョキ　よこあるき　かに？

チョキチョキチョキチョキ　よこあるき　かに？

うきうきアレンジ
ハサミを動かすしぐさに加えて、チョコチョコ横に動いてみましょう。初めは自由に、やりやすい動きから楽しんでみてください。

Ⅳ-2. うきうきたいそう ⑤
おばけ ひゅーどろん たいそう

子どもたちはおばけが大好き。おばけになりきって遊んでみよう！

こんなときに演じてみよう！
夕涼み会のときにみんなで踊ったり、保育室でのごっこ遊びに取り入れたりするのにぴったりです。

ちょこっとグッズ
ハンカチを三角に折り、頭の後ろで結びます。細長く切った画用紙を輪にして、三角の画用紙を前面にはり付けてもいいですね。

導入のことばがけ例
ひゅ〜、どろどろどろ〜。う・ら・め・し・や〜。さぁ、みんなもおばけになるよ。どんなおばけが出てくるかな？

遊び方
両ひじを曲げ、手首をダランと下げて、中腰になり、リズムに乗って歩く。

♪ひゅーどろん ひゅーどろん おばけだ けけけけけー

おばけ ひゅーどろん たいそう
作詞・平田明子　作曲・増田裕子

ひゅーどろん　ひゅーどろん　おばけだ　けけけけけー
ひゅーどろん　ひゅーどろん　おばけだ　けけけけけー

うきうきアレンジ
慣れてきたら、体の動きだけでなく、顔の表情も工夫してみましょう。怖いおばけ、ユニークなおばけなど、いろいろ楽しんでみてください。

Ⅳ-2. うきうきたいそう ⑥
ゴリラ うほうほ たいそう

胸をドンドコ、ノシノシ歩く。ゴリラのうほうほ体操をやってみよう！

こんなときに演じてみよう！
動物のまねは、子どもにとっても身近で親しみやすいです。毎日の遊びにも最適。動物園でゴリラを見た後ですると、さらにイメージが広がります。

導入のことばがけ例
今日はドンドコ胸をたたいて、動物園の人気者、力強いゴリラに変身するよ。ゴリラは歩くのもドシドシ力強いね。どんな歩き方をするかな？

ちょこっとグッズ
色画用紙を輪にして、ゴリラの絵を前面にはり付けます。自分で作ったお面だと、さらに楽しくなります。

Ⓐ　Ⓑ

遊び方
歌や言葉のリズムに乗って、ⒶやⒷの動きをする。

Ⓐ腰を低くし、両手をグーにして、胸をたたくしぐさをする。

Ⓑ両手をグーにして、胸をたたくしぐさをしながら、足を交互に上げて力強く下ろす。

ゴリラ うほうほ たいそう
作詞・平田明子　作曲・増田裕子

うっ ほ ほ う ほ う ほ　ぼく ゴリラ
うっ ほ ほ う ほ う ほ　ご き げ ん だい

うきうきアレンジ
腕の動きや歩き方などをさらに工夫して、力強いゴリラ、おもしろいゴリラなど、いろいろアレンジを楽しんでみてください。

IV-2. うきうきたいそう ⑦
どんぐりコロコロたいそう

木からポトンと落ちて転がるどんぐり。今日はどんぐりのコロコロ体操をやってみよう！

こんなときに演じてみよう！
秋の季節にぴったりの体操です。どんぐり拾いに出かけた後にもお勧めです。回転しすぎに注意しましょう。

導入のことばがけ例
秋にはたくさんの実がなります。その中でも、小さくて、帽子をかぶった茶色い実は何かな？ 木からポトンと落ちて、コロコロ転がっていくよ。みんなでどんぐりになって、コロコロ転がってみよう。

遊び方
両腕を伸ばし、頭の上で指先を合わせて、その場で回る。

コロリン コロコロ どんぐり コロコロ
かぜに ふかれて コロコロリン

どんぐり コロコロ たいそう
作詞・平田明子　作曲・増田裕子

♪ かぜに ふかれて コロコロ リン
コロリン コロコロ ど んぐり コロコロ

うきうきアレンジ
最初は立ったままゆっくりと回転しましょう。慣れてきたら、床に寝転んだ状態で、ゆっくりクルクルと回転を楽しんでください。

Ⅳ-2. うきうきたいそう ⑧
ひこうき ビューンビューン たいそう

青い空をひとっ飛び。今日は飛行機になって遊んでみよう！

こんなときに演じてみよう！
子どもたちは、グルグル動き回るのが大好きです。保育室内だけでなく、園庭でも楽しく遊べます。ぶつからないように注意しましょう。

導入のことばがけ例
空を飛ぶ乗り物は何かな？ そう、飛行機です。鳥みたいに翼があって、広い空をビューンと飛ぶよ。みんなも飛行機になってみよう。どこに行こうかな？

遊び方
両腕を広げて、左右に揺れながら動く（Ⓐ）。

♪ひこうきビューン

ひこうき ビューンビューン たいそう
作詞・平田明子　作曲・増田裕子

♪ ひこうき ビューン　たかいぞ ビューン
♪ あっちに こっちに ビュ ビュ ビュ～～ン

うきうきアレンジ
慣れてきたら、目的地を決めて、離陸・着陸の動き（Ⓑ）も加えてみると、より楽しみが広がります。

IV-2. うきうきたいそう ⑨
ペンギンよちよちたいそう

寒いところでも元気いっぱい！　ペンギンのよちよち体操をやってみよう！

こんなときに演じてみよう！
大人数でよちよち動き回って遊べるので、保育参観や集会のときにやってみてもいいですね。姿勢が悪いときにも背筋を伸ばす意識づけができます。

導入のことばがけ例
寒いところでも、元気に過ごしている動物は何かな？　くちばしがあって、羽もあるんだよ。よちよち歩くその動物は、そう、ペンギンです。みんなでペンギンになってみよう！

ちょこっとグッズ
カラー帽子に、色画用紙などで、目やくちばしなどを付けると楽しくなります。

遊び方
背筋を伸ばしながら、手のひらを下に向けて腕を伸ばし、足を曲げないようにして、左右に揺れながらのんびりと歩く。

♪ペンギンペンペン　よちよち　いそいでいても♪

♪わからない　よちよち　ペンペンペン♪

ペンギン よちよち たいそう
作詞・平田明子　作曲・増田裕子

ペン ギンペンペン　よっちよち　いそいで いても
わからない　よっち よっち　ペン ペン ペン

うきうきアレンジ
慣れたら何人かで並んで行進をしたり、輪になってよちよち歩きを楽しんだりしてもいいですね。

ペンギンの行進！

よっちよっち

Ⅳ-2. うきうきたいそう ⑩
おもち ぷーっくり たいそう

お正月によく食べるおもちは、子どもたちも大好きです。ぷーっくり膨らむようすをまねしてみよう！

こんなときに演じてみよう！
もちつきやお正月の前後など、おもちを見たり食べたりする機会に遊んでみましょう。子どもそれぞれに、表現する楽しさを味わえます。

導入のことばがけ例
みんなはおもちが好きかな？ 焼けるときには、ぷーっくり膨らむよ。白くて柔らかい、おいしいおもち。みんなでおもちになって遊んでみよう！ どんなふうに膨らむかな？

ちょこっとグッズ
発泡スチロールをおもちの形に切って頭にのせると、さらに楽しくなります。

遊び方
歌に合わせて、①・②の動きをします。

①「♪あーちちのち あーちちのち」で、両手を握ってしゃがむ。

②「♪ぷーっくり」で、立ち上がりながら、両腕で大きな丸を作る。

おもち ぷーっくり たいそう
作詞・平田明子　作曲・増田裕子

うきうきアレンジ
「ぷーっくり」の音の長さを変えてみて、伸び上がる動きに変化をつけたり、ほっぺたを膨らませる動きを加えたりしても楽しいでしょう。

Ⅳ-2. うきうきたいそう⑪
せんたくきぐるぐるたいそう

水のおふろの中で、シャツやズボンがぐるぐる。あっという間にきれいにしちゃう、すごい機械、洗濯機のぐるぐる体操をやってみよう！

こんなときに演じてみよう！
家庭でも園でも、洗濯機を見る機会があると思います。服を着替えたり、服が汚れたりしたときなどに、洗濯機のことを話しながら、遊びにつなげてもいいですね。着脱や清潔など、生活習慣への興味づけにもなります。

導入のことばがけ例
汚れた服を、ぐるぐる回してきれいにしちゃう、すごい機械があるんだよ。何かな？ そう、洗濯機。みんながお洋服になって、洗濯機ごっこをしてみよう！

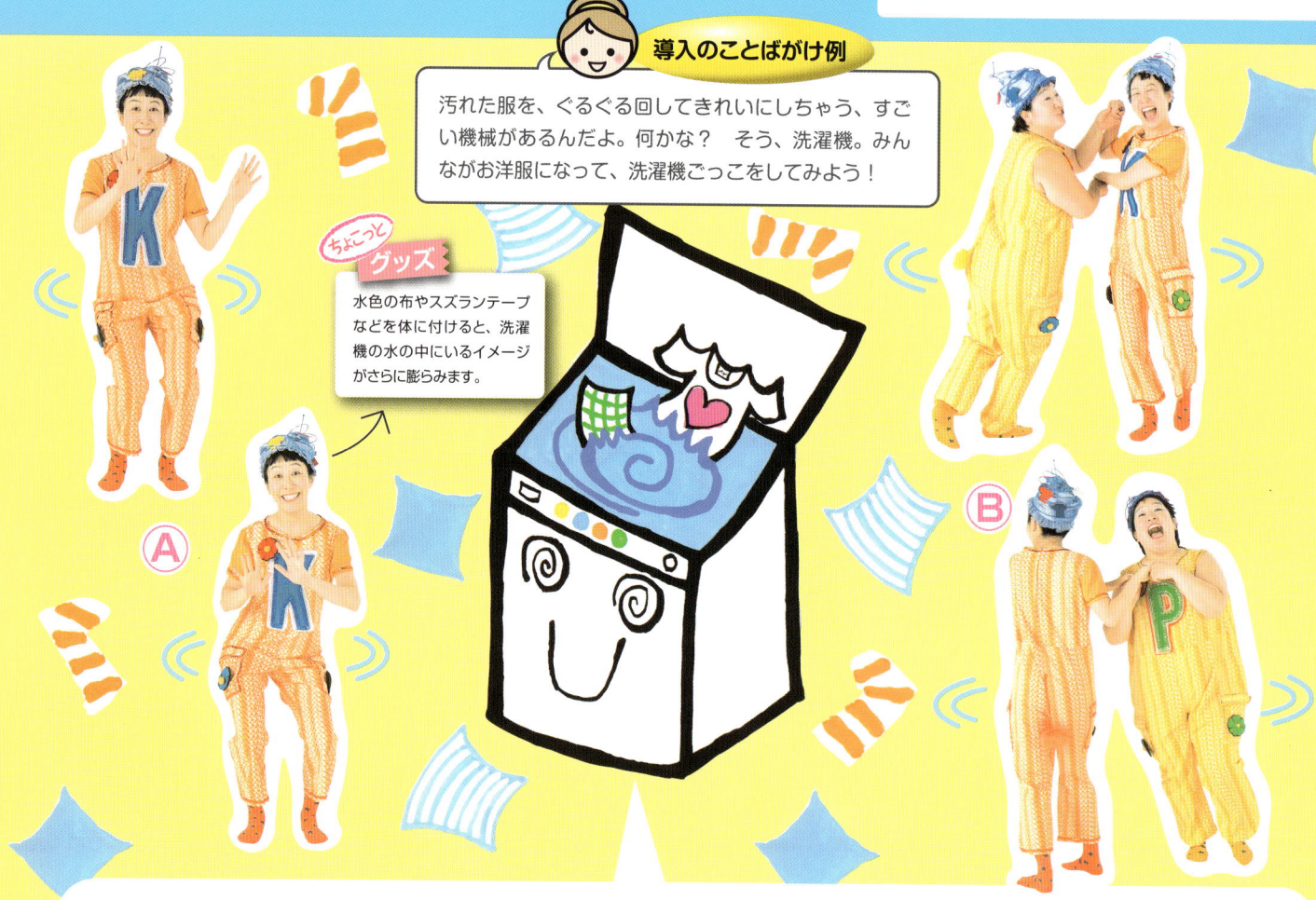

ちょこっとグッズ
水色の布やスズランテープなどを体に付けると、洗濯機の水の中にいるイメージがさらに膨らみます。

遊び方 手や腰などをぐるぐる回す（Ⓐ）。

♪ぐるぐるぐる

せんたくき ぐるぐる たいそう
作詞・平田明子　作曲・増田裕子

ぐ る ぐる ぐる あらっ て あらって
ぐ る ぐる ぐる ぐる め が まわる

うきうきアレンジ
ふたり組や3人組で手をつなぎ、ぐるぐる回って遊んでみましょう（Ⓑ）。

Ⅳ-2. うきうきたいそう ⑫
ロボット ウィーン ガシャン たいそう

子どもたちは、変わった動きをするロボットに興味津々。ロボットウイーンガシャン体操を、みんなでやってみよう！

こんなときに演じてみよう！

ロボットの動きを膨らませながら自由に遊べます。子どもひとりひとりに、「○○ちゃんロボットです。手のカクカクした動きがじょうずですね」と、発表する場面をつくるといいですね。

導入のことばがけ例

○○組に、新しいロボットが誕生しましたよ。カクカク、ウイーン、ガシャン。みんなも変身してみよう！　どんなロボットになるかな？

ちょこっとグッズ

空き箱を自由に組み合わせて、ロボットを作ってみましょう。子どもたちのロボットに対するイメージが、さらに広がります。

遊び方

リズムに合わせて、カクカクとしたロボットの動きを自由に表現する。

♪ ガッシャン ガッシャン ウイーン ウイーン

♪ ボク ロボット ウィン ガシャン

ロボット ウイーン ガシャン たいそう

作詞・平田明子　作曲・増田裕子

ガッ シャン ガッ シャン ウイー ン ウイー ン
ボク ロボット ウィン ガシャン

うきうきアレンジ

テンポを変えて、早く動くロボットや、ドシンとゆっくり動くロボットなど、アレンジしながら遊んでみましょう。

IV-3. うたっておえかき

IV いろんな遊び盛りだくさん!!

絵が苦手な子どもも、いっしょにうたいながら描けば楽しくなりますね。ちょっとした時間でも大活躍する、大人気の絵描き歌を紹介します。

① ありさん

春になって、お散歩に行ったり園庭で遊んでいたりするときに、足もとにいるのがありさん。「あ〜ありさんだね〜!」なんて見た後で、この絵描き歌をうたいながら描いてあげよう。泣いている子どもも泣きやむかも!?

1 あんだんご
丸をひとつ描く。

2 ごまだんご
同じ大きさの丸を、もうひとつ描く。

3 くろアーモンド
細長い丸を描く。

4 ごまつぶ ふたつ とびだして
触角を2本描く。

5 あしを つけたら ありさん
足を描いたら、できあがり。

② かたつむり

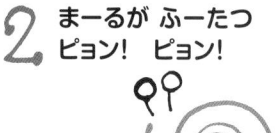

子どもって、迷路が大好き。グルグル渦巻きを描いているうちに、いつの間にか迷路ができちゃうこともあります。でも今回は、目を付けて、かわいいかたつむりにしてあげてね。

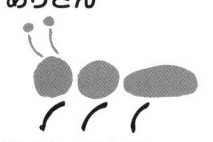

1 ぐるぐるぐるぐる めいろから
渦巻きを描く。

2 まーるが ふーたつ ピョン! ピョン!
角を二つ描く。

3 めいろの でぐちを しめちゃおう
渦巻きの端をふさぐ。

4 かわいい かわいい かたつむり
目と口を描く。

③ ねこ

ケロもポンも、うちでねこを2匹飼っています。ねこの顔をマジマジ見ると、ほんとうによくできているニャァ、と思います。目も鼻も、耳も口も、全部かわいいニャァ。そんなねこ大好き溺愛の絵描き歌で遊んでみてニャ〜。

1 やまこえ たにこえ やまこえて
耳になる部分を描く。

2 おおきな いーけが ありました
顔の輪郭を描く。

3 さんかくじまを うかべて
鼻を描く。

4 ふたつ まめを うえましょう
小さい丸を二つ描く。

5 さんかくじまから ねっこが のびて
口もとを描く。

6 ひげ ぴんぴん ひげ ぴんぴん
ひげを描く。

7 かわいい ねーこの できあがり ニャーッ
目を描く。

Ⅳ いろんな遊び盛りだくさん!!

ありさん

作詞・平田明子　作曲・増田裕子

あんだんご　ごまだんご　くろアーモンド　ごまつぶ
ふたつとびだして　あしをつけたら　ありさん

かたつむり

作詞・平田明子　作曲・増田裕子

ぐるぐるぐるぐるめいろから　まーるがふーたつ　ピョン！ピョン！
めいろのでぐちをしめちゃおう　かわいいかわいいかたつむり

ねこ

作詞・平田明子　作曲・増田裕子

やまこえたにこえやまこえて　おおきないーけが
ありました　さんかくじまをうかべて
ふたつめをうえましょう　さんかくじまからねっこがのびて
ひげぴんぴん　ひげぴんぴん　かわいいねーこのできあがりニャッ

IV-3. うたっておえかき

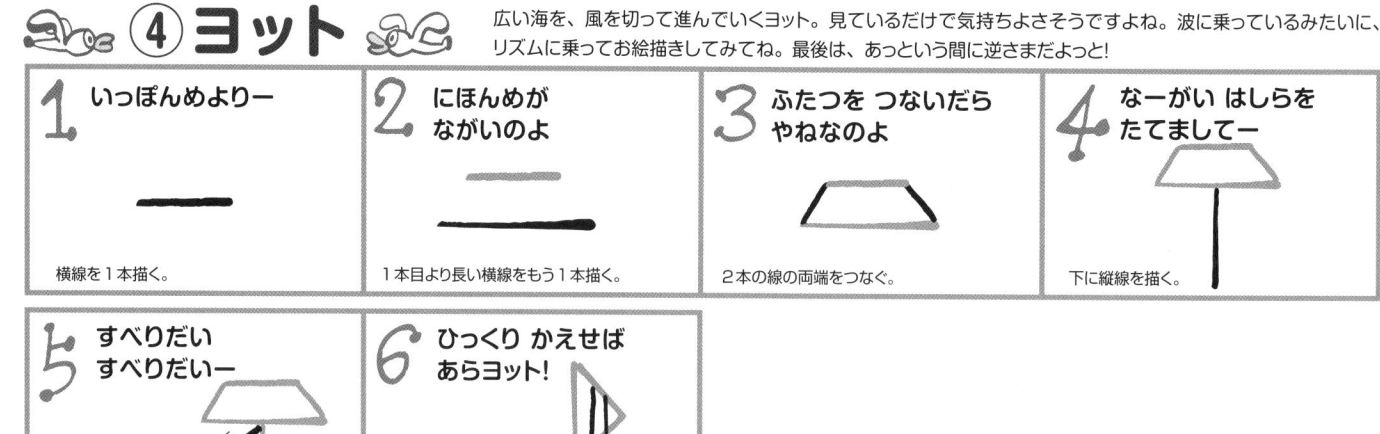

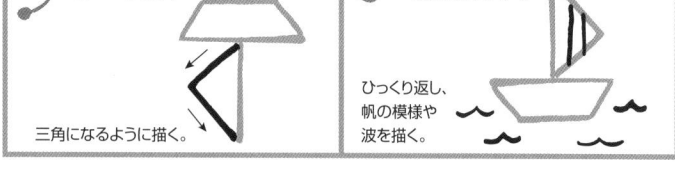

④ ヨット

広い海を、風を切って進んでいくヨット。見ているだけで気持ちよさそうですよね。波に乗っているみたいに、リズムに乗ってお絵描きしてみてね。最後は、あっという間に逆さまだよっと！

1. いっぽんめよりー
横線を1本描く。

2. にほんめが ながいのよ
1本目より長い横線をもう1本描く。

3. ふたつを つないだら やねなのよ
2本の線の両端をつなぐ。

4. なーがい はしらを たてましてー
下に縦線を描く。

5. すべりだい すべりだいー
三角になるように描く。

6. ひっくり かえせば あらヨット！
ひっくり返し、帆の模様や波を描く。

⑤ クラゲちゃん

クラゲはユラユラのんびりと楽しそう。3拍子に合わせて楽しいクラゲを描いてみてね。「みずがビュービュー」のところは、好きなだけ飛び出していいよ。ひっくり返せば、簡単クラゲのできあがり！

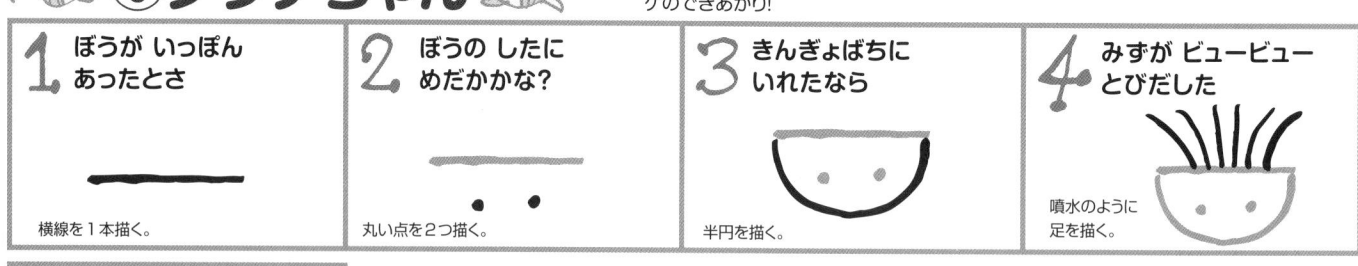

1. ぼうが いっぽん あったとさ
横線を1本描く。

2. ぼうの したに めだかかな？
丸い点を2つ描く。

3. きんぎょばちに いれたなら
半円を描く。

4. みずが ビュービュー とびだした
噴水のように足を描く。

5. ひっくりかえせば クラゲちゃん
ひっくり返し、口を描く。

⑥ ハリネズミ

「よこなぐりのあめ」のところは、激しく何回も描きなぐって、りっぱな針にしてください。マイナー調な曲ですが、うたい込めばうたい込むほど、味の出るハリネズミになることまちがいなし！です。

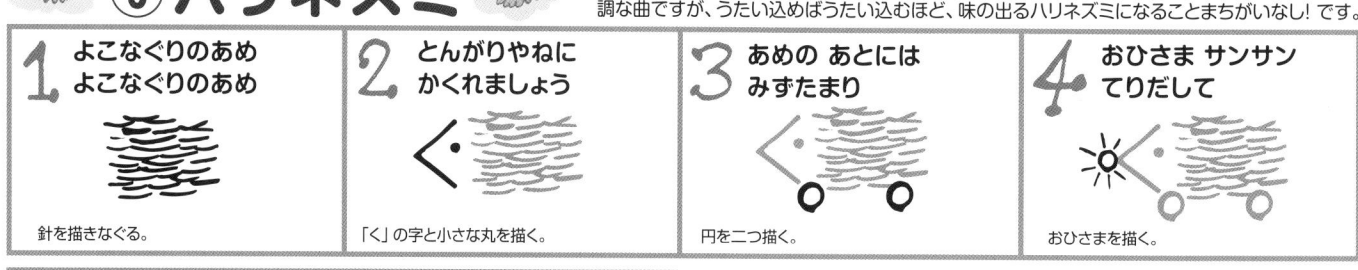

1. よこなぐりのあめ よこなぐりのあめ
針を描きなぐる。

2. とんがりやねに かくれましょう
「く」の字と小さな丸を描く。

3. あめの あとには みずたまり
円を二つ描く。

4. おひさま サンサン てりだして
おひさまを描く。

5. のぞいてみよう ポコッ
耳を描く。

6. しっぽが でたぞ チクチク おいら ハリネズミ
しっぽを描く。

IV いろんな遊び盛りだくさん!!

ヨット

作詞・平田明子　作曲・増田裕子

いっぽんめ より － にほんめ が ながいのよ ふたつを つないだら やね なのよ なーがい はしらを たてまして － すべりだい すべりだい － ひっくり かえせば あら ヨット!

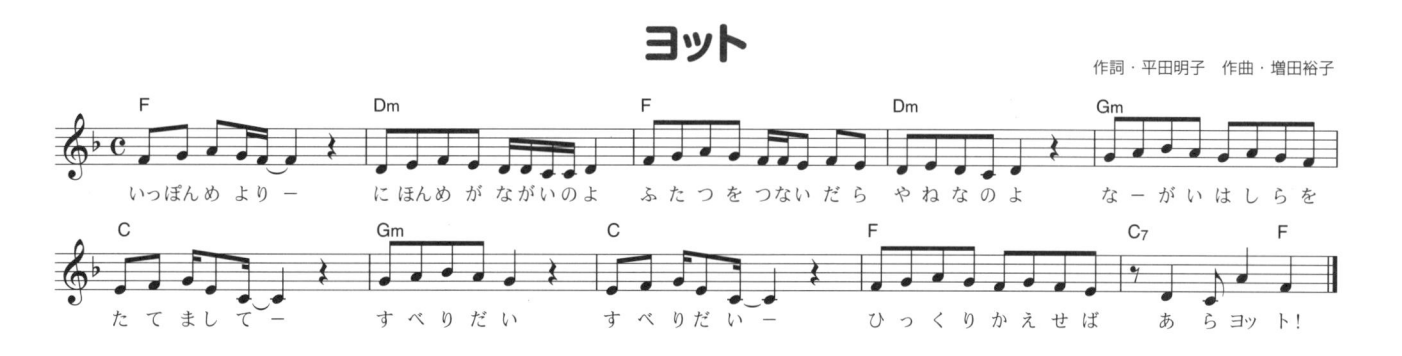

クラゲちゃん

作詞・平田明子　作曲・増田裕子

ぼう が いっ ぽ ん あっ た と さ
ぼう の し た に め だ か か な?
きん ぎょ ば ち に い れ た なら
みず が ビュー ビュー と び だ し た
ひっ く り かえ せ ば ク ラ ゲ ちゃ ん

ハリネズミ

作詞・平田明子　作曲・増田裕子

よこなぐり の あめ よこなぐり の あめ
とんがりやねに かくれましょう あめのあとには みずたまり
おひさま サンサン てりだして のぞいてみ よ う ポコッ
しっぽが でたぞ チク チク おいら ハリネズミ

Ⅳ-3. うたっておえかき

⑦ トナカイ

クリスマスと言えば、サンタとトナカイ。ということで、かわいいトナカイのお絵描き歌です。バネの形は、どんなのでもいいよ。角に見えればOKです。かわいいトナカイを描いてみてね。

1 まあるい たまごが ありまして 
丸をひとつ描く。

2 つーのが ふーたつ でましたよ 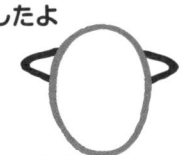
丸の横に角を2つ描く。

3 ばーねが ピヨンと とびだして 
頭の上に ばねを2つ描く。

4 あわてて ぼうで おさえます 
2本の棒を描く。

5 びっくり めだまが とびだした
目玉を2つ描く。

6 あかはな つけたら トナカイさん
赤い鼻を描いたら できあがり。

⑧ たこにゅうどう

1・2・3の数字だけでタコの顔になっちゃう、カンタンお絵描き歌です。足はきちんと8本描いてね。いつの間にか、数字も書けるし、覚えられちゃう!? これで○○ちゃんも天才だ。

1 いち にー さん 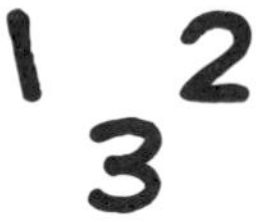
数字の「1」「2」「3」を描く。

2 おおきな まるで かこんだら 
円で囲む。

3 あしが はっぽん はえてきて あっというまに たこにゅうどう 
足を8本描く。

⑨ オニ

虫がいっぱい出てきて、なんだろうと思ったら、なんとオニになっちゃった！ アイスがこぼれるところは、グシャグシャでだいじょうぶ。オニの髪の毛にみごとに変身します。あなたらしいオニを描いてみてね。

1 とんがった コーンから 
角を描く。

2 アイスが こぼれた 
グルグルと髪の毛を描く。

3 いもむし にひき やってきて 
まゆ毛を描く。

4 ありも にひき やってきて 
目を描く。

5 だんごむし いっぴき やってきて 
鼻を描く。

6 みみずの うえに キバふたつ 
口と牙を描く。

7 ぜんぶ つかまえたら オニになりました 
顔の輪郭と耳を描く。

トナカイ

作詞・増田裕子　作曲・平田明子

まあるい たまごが ありまして
つーのが ふーたつ でましたよ
ばーねが ピョンと とびだして あわ
てて ぼうで おさえます
びっくり めだまが とびだした
あかはな つけたら トナカイさん

たこにゅうどう

作詞・平田明子　作曲・増田裕子

いち にー さん　おおきな まるで かこんだら
あしが はっぽん はえてきて　あっというまに たこにゅうどう

オニ

作詞・平田明子　作曲・増田裕子

とんがった コーンから アイスが こぼれた
いもむし にひき やってきて　ありも にひき やってきて
だんごむし いっぴき やってきて　みみずの うえに キバ ふたつ
ぜんぶ つかまえたら オニに なりました

付録 便利な型紙

【型紙の使い方】
●まず、原寸でコピーします。絵人形を1体ずつ切り離した後に、それぞれ使う大きさに拡大コピーします。本書から直接拡大コピーをすると、絵柄が切れてしまうことがあるので注意してください。●本書では、プチパネル：B3（約36cm×51cm）、パネルシアター：80cm×110cmを使用しています。基本的に型紙を400％（200％で2回、拡大コピー）に拡大するとちょうどいい大きさになります。拡大率がその他の場合は、（ ）内に示しています。使用場面やお持ちのパネルの大きさに合わせて、拡大・縮小してお使いください。●遊び方のページを参考に、色を塗ったり細部を描き込みましょう。●基本の絵人形の作り方は、p.7～10をご覧ください。

p.11 おにぎりくん おなかの中クイズ

p.12～13 ごはんを食べて元気に!

p.14～17 おにぎりくんの旅、p.18～19 おにぎりくんで生活習慣（p.18～19で使うものは、お話に合わせて選んでください）で使うものもあります。

表のみ (p.12～13)

表 (p.12～13)

裏 (p.12～13)

表 (p.12～13、p.14～17)

裏 (p.12～13)

表 (p.12～13)
裏 (p.14～17)

裏 (p.12～13)
表 (p.14～17)

裏 (p.14～17)

表 (p.12～13、p.14～17)

裏 (p.12～13、p.14～17)

表のみ (p.12～13)

付録 便利な型紙

p.14〜17 おにぎりくんの旅 （左ページにもあります）

表 / 裏 / ×4 表のみ / ×5 表のみ / 表 / 裏

表 / 裏

ウリボウ5匹は、140%、120%、100%、80%、60%に拡大・縮小した上で400%に拡大してください。

表 / 裏

表のみ

表のみ / ×3 表のみ / 表のみ

p.18〜19 おにぎりくんで生活習慣 （左ページと、このページの上部にもあります）

あいさつ　早寝・早起き　手洗い・うがい　着替え　トイレ

かたづけ

といれ

117

付録　便利な型紙

p.22〜23 いってきまーす！（細部は色を塗って描く）

ウサギ　　　　　　　　　　　　ブタ

ネコ　　　　　　　　　　　　　クマ

女の子　　　　　　　　　　　　男の子

付録 便利な型紙

p.24〜25 たべたいな！（細部は色を塗って描く）

付録 便利な型紙

p.26～27 ふわりくも

車

恐竜

魚

ソフトクリーム

パン

ネズミ

ネコ

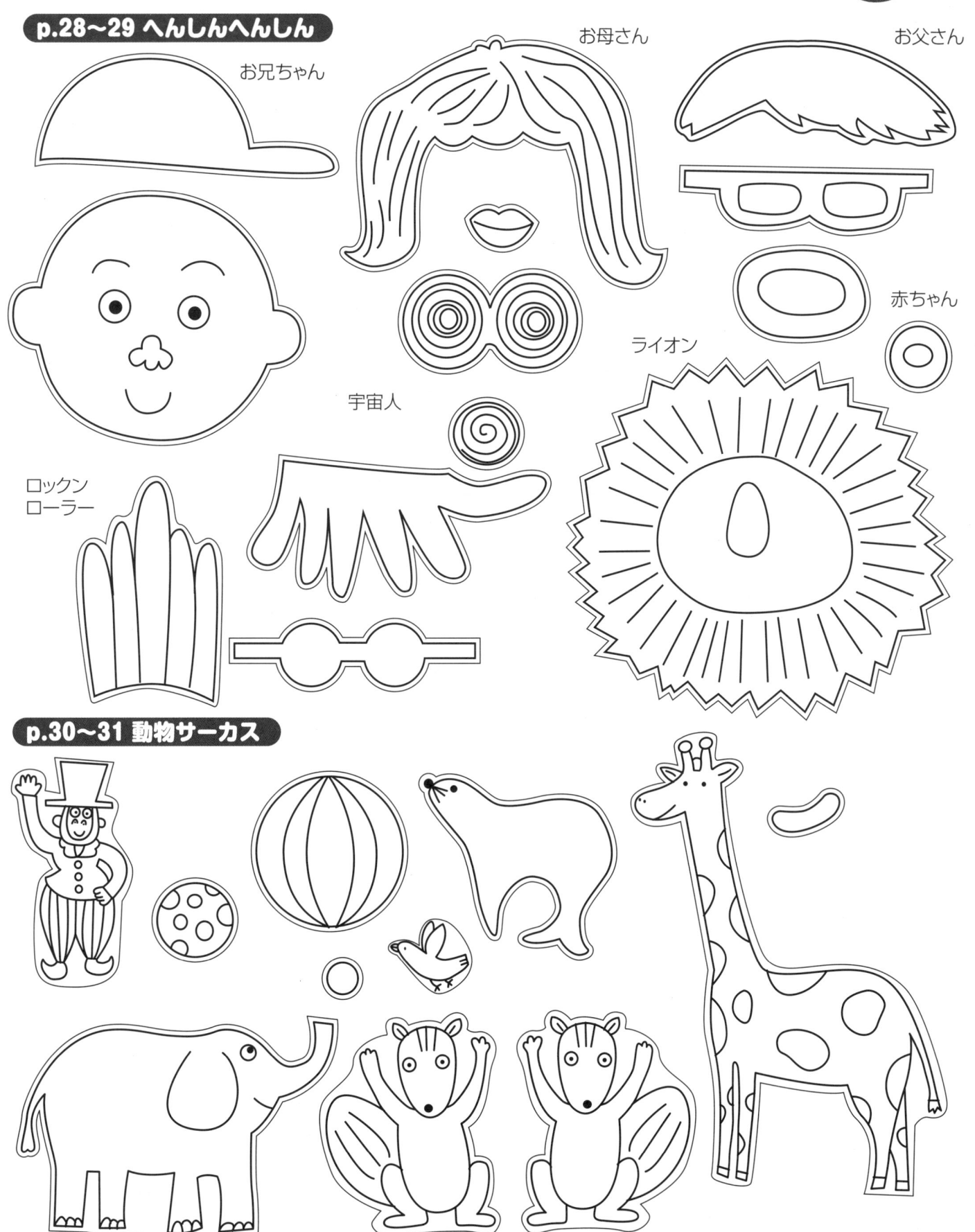

付録 便利な型紙

p.28〜29 へんしんへんしん

お兄ちゃん　お母さん　お父さん

宇宙人　ライオン　赤ちゃん

ロックンローラー

p.30〜31 動物サーカス

121

付録 便利な型紙

p.32〜33 グーチョキパーちゃん

×6

p.34〜35 だれの かさ?

アリの傘

キリンの傘

シマウマの傘

コアラの傘

女の子の傘

カメレオンの傘

p.36〜37 なつなつ なつだ!!

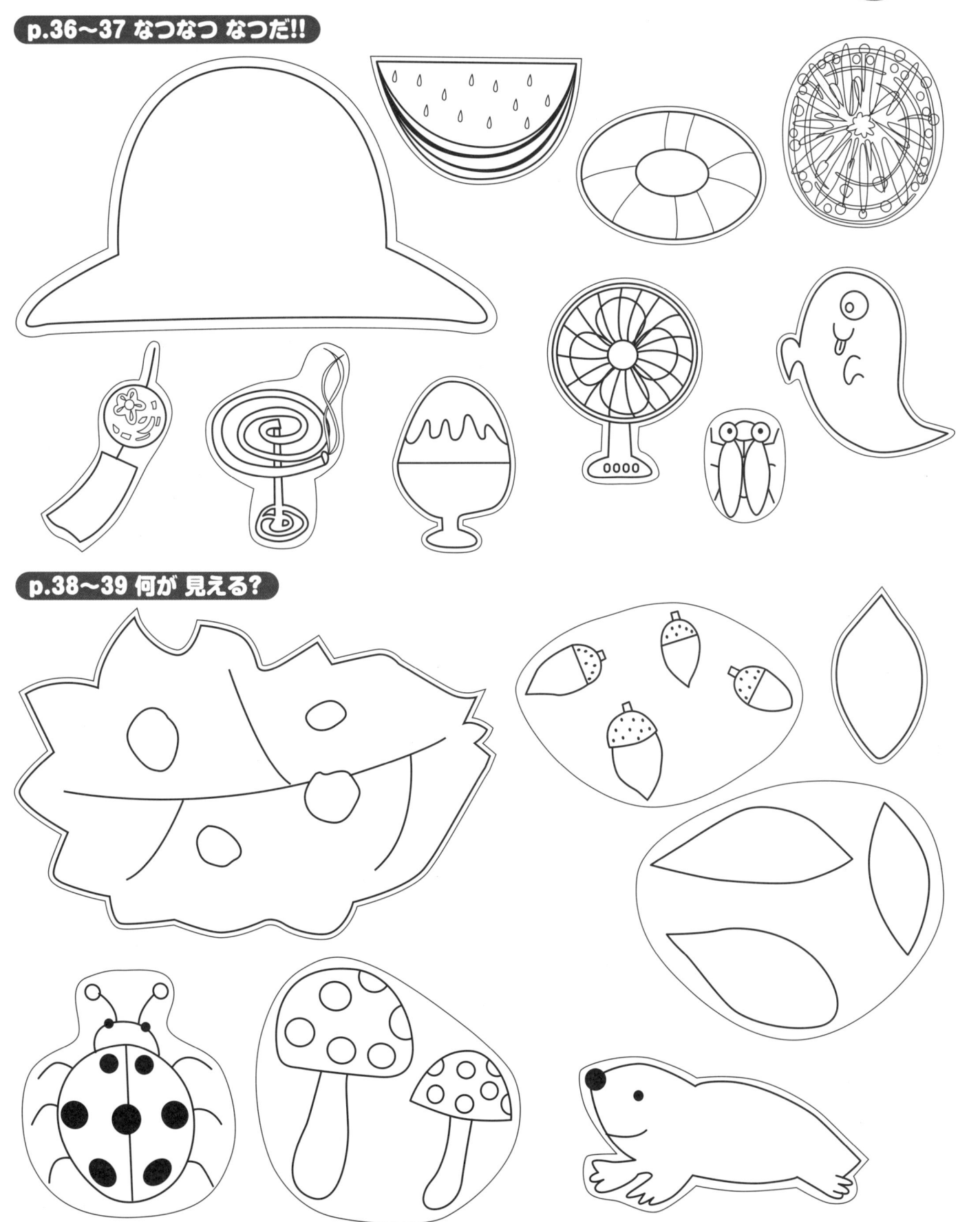

p.38〜39 何が 見える?

付録 便利な型紙

p.40〜41 だれの くつ?

p.42〜43 つみきで あそぼう （目安の拡大率：500% = 200%×200%×125%）

p.44〜45 土の中から

p.48〜50 ロウソク フー

P.54〜56 つなすべり
次ページにつづく
（目安の拡大率：
　280%=200%×140%）

付録 便利な型紙

p.54〜56 つなすべり のつづき（目安の拡大率：280% = 200%×140%）

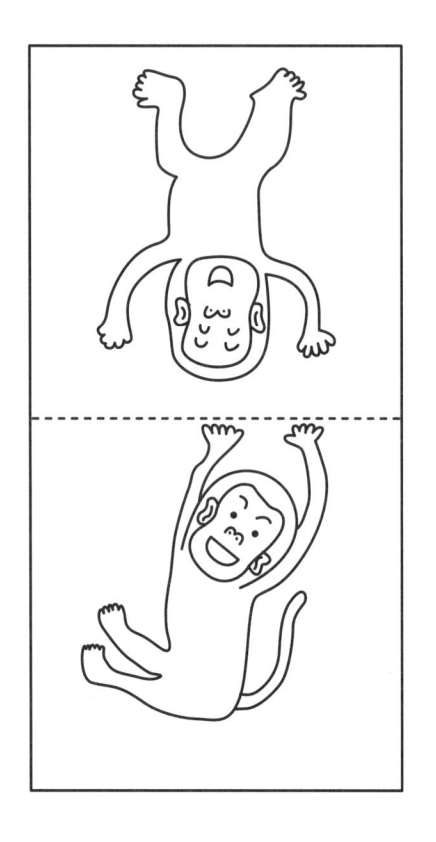

付録 便利な型紙

p.54〜56 つなすべり のつづき（目安の拡大率：280% = 200%×140%）

p.60〜62 ブラブラな〜に？

127

付録 便利な型紙

p.63〜65 のるかな?

128

p.66〜68 大きくなあれ！

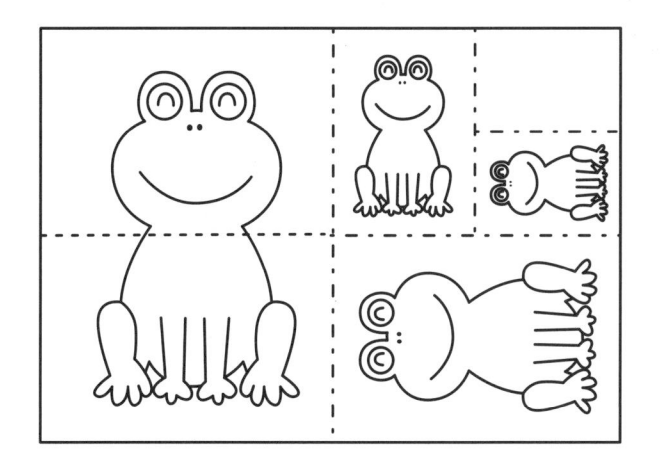

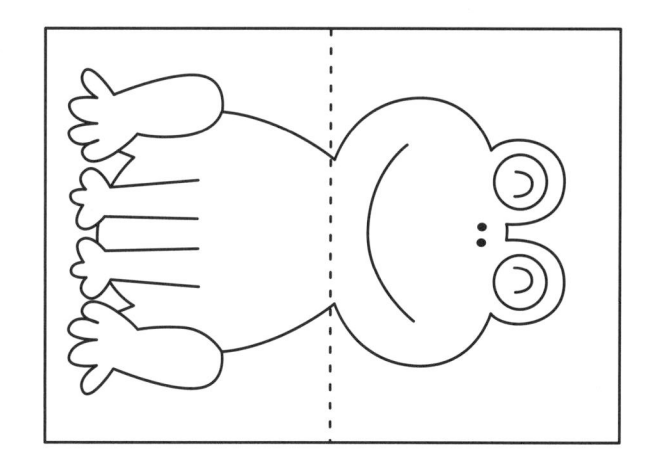

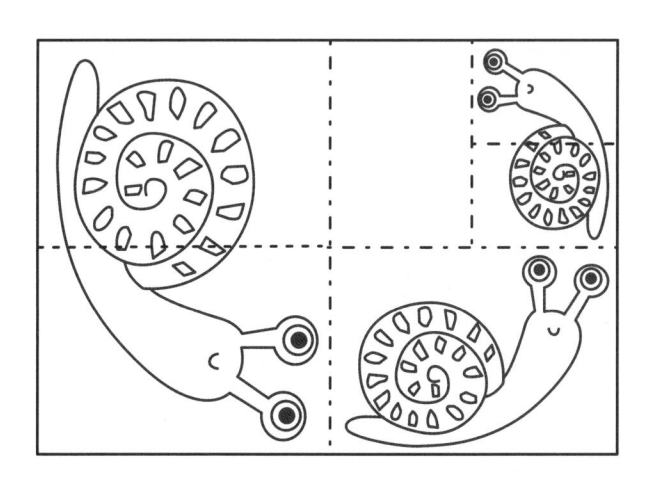

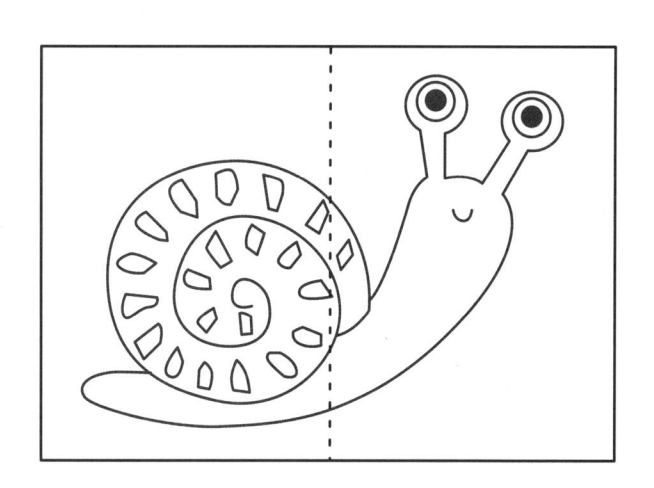

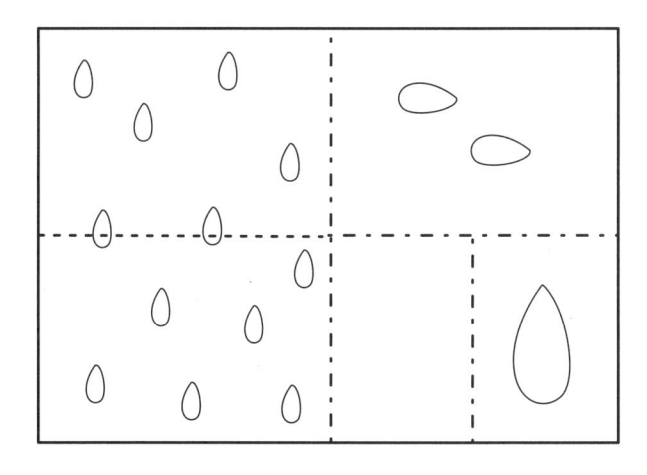

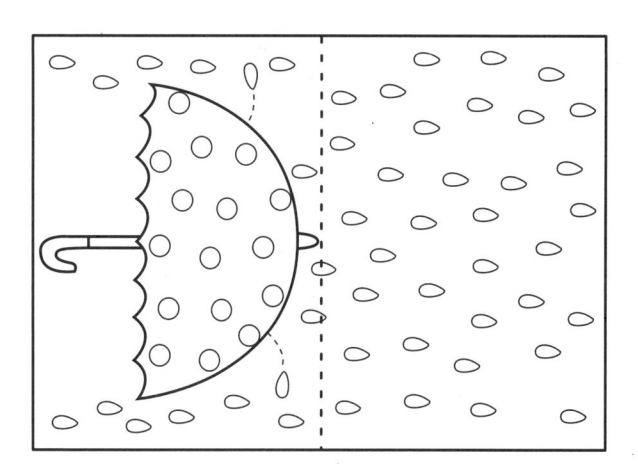

次ページにつづく（目安の拡大率：500% ＝ 200%×200%×125%）

付録 便利な型紙

付録 便利な型紙

p.66〜68 大きくなあれ！ のつづき（目安の拡大率：500% ＝ 200%×200%×125%）

付録 便利な型紙

p.69〜71 花火がドン！ 次ページにつづく　　連発花火

〈花火の作り方〉
※本書では、八ツ切画用紙に15cm×15cmの色紙を¼にしたものを使用しています。それぞれにアレンジしてください。

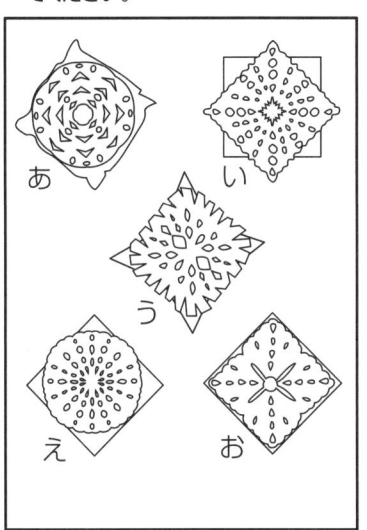

基本の折り方
7.5cm × 7.5cm
① ② ③ ④

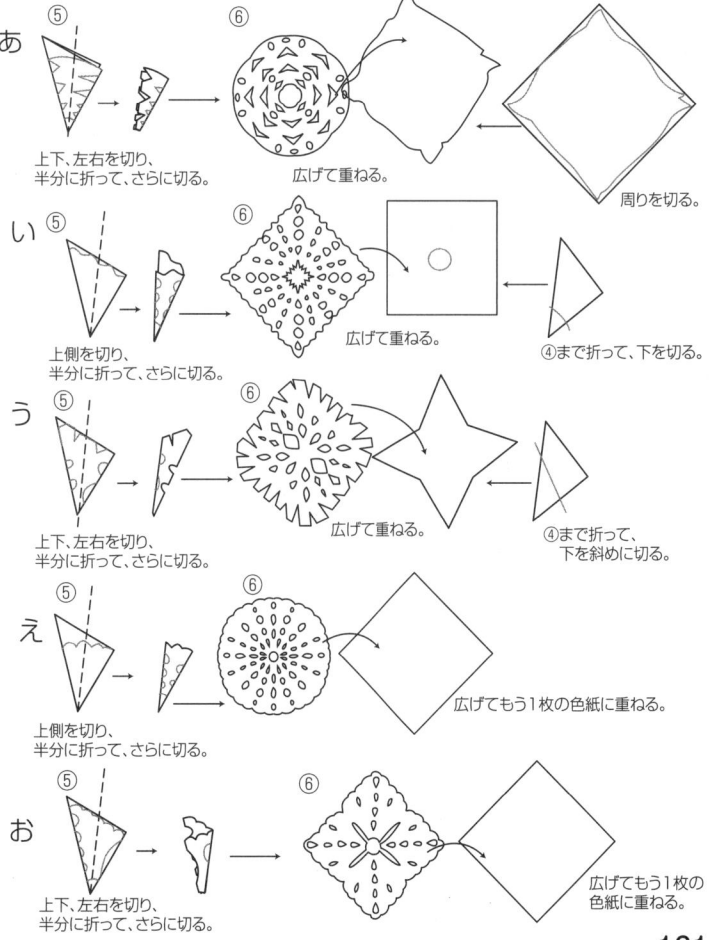

あ
⑤ 上下、左右を切り、半分に折って、さらに切る。
⑥ 広げて重ねる。
周りを切る。

い
⑤ 上側を切り、半分に折って、さらに切る。
⑥ 広げて重ねる。
④まで折って、下を切る。

う
⑤ 上下、左右を切り、半分に折って、さらに切る。
⑥ 広げて重ねる。
④まで折って、下を斜めに切る。

え
⑤ 上側を切り、半分に折って、さらに切る。
⑥ 広げてもう1枚の色紙に重ねる。

お
⑤ 上下、左右を切り、半分に折って、さらに切る。
⑥ 広げてもう1枚の色紙に重ねる。

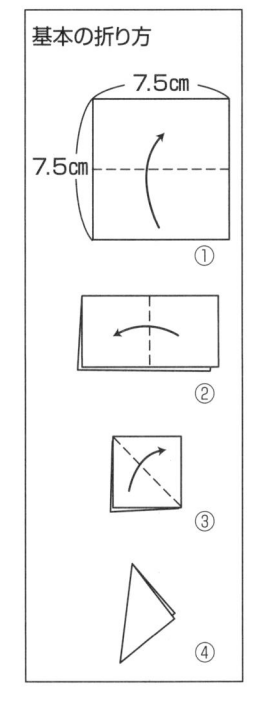

付録 便利な型紙

p.69〜71 花火がドン！ のつづき

ナイアガラ

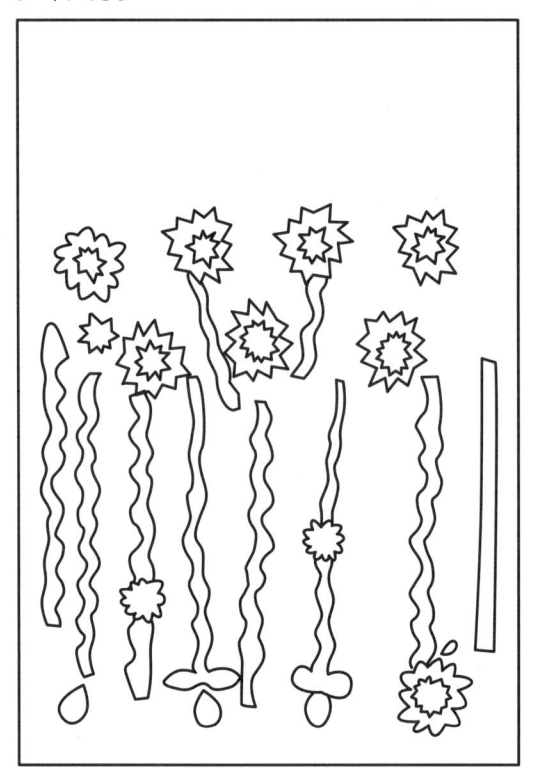

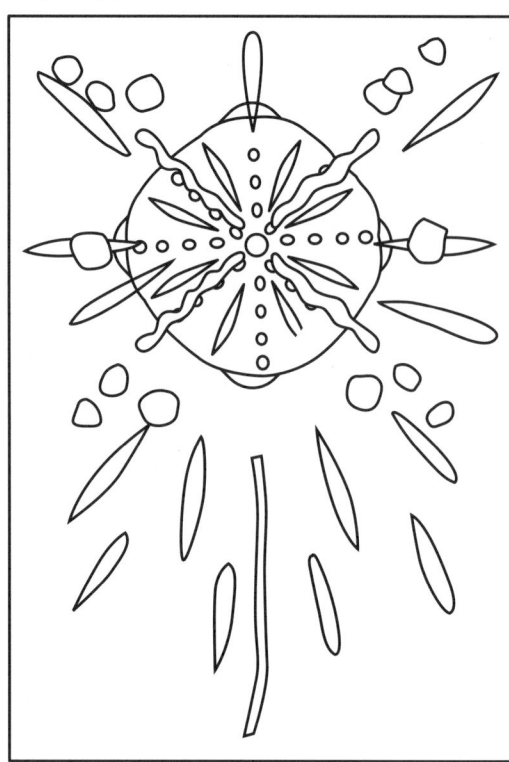

大きな花火

〈大きな花火の作り方〉
※本書では、八ツ切画用紙に15cm×15cmの色紙を使用しています。それぞれにアレンジしてください。

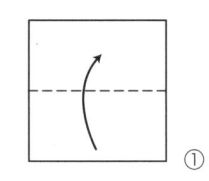

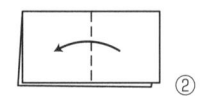

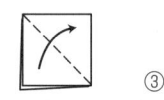

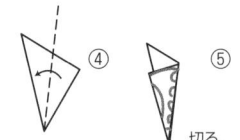

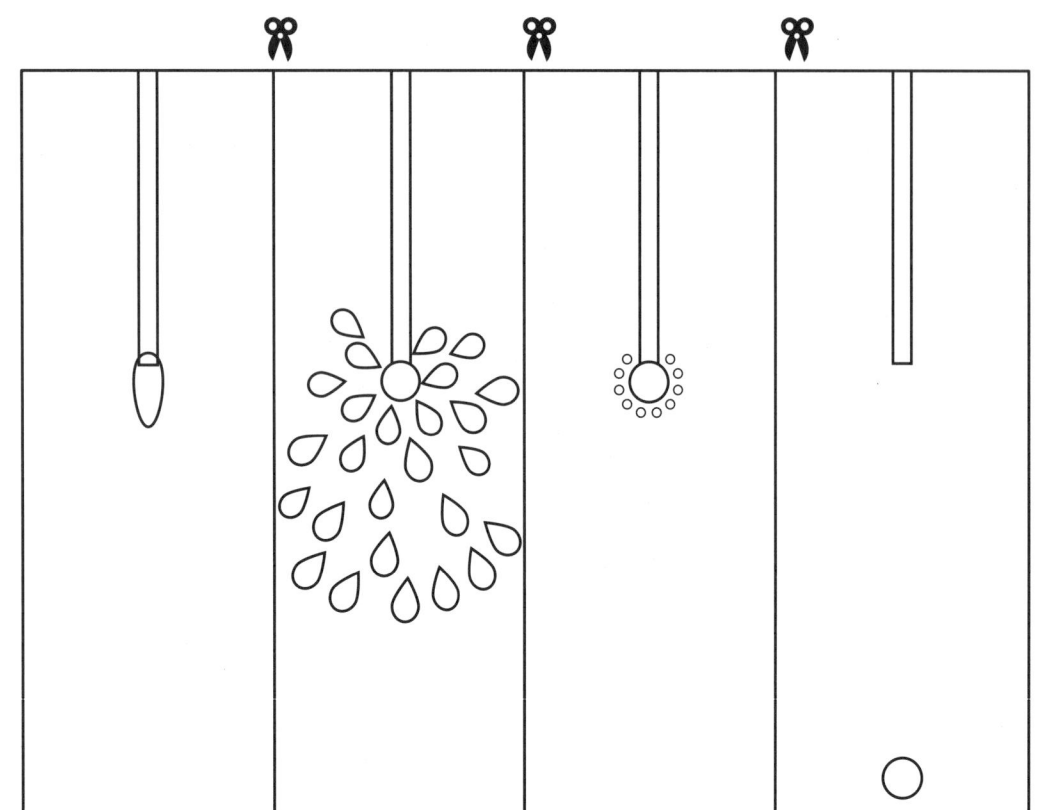

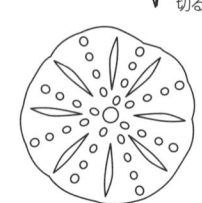

① ② ③ ④ ⑤ 切る。

線香花火　※四ツ切色画用紙を、下図のように4分割する。

p.72～74 な～んの 木?

p.75～77 クリスマスパーティー （目安の拡大率：100%＝このままの大きさ）

133

付録 便利な型紙

p.78～80 コタツの 中

p.81〜83 卒園おめでとう （目安の拡大率：500% ＝ 200%×200%×125%）

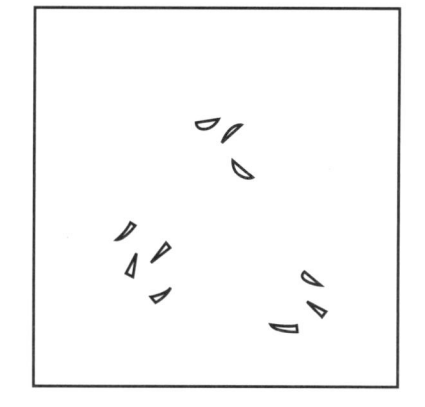

プロフィール

ケロポンズ

1999年6月に結成。ケロこと増田裕子と、ポンこと平田明子のスーパーデュオグループ。親子で楽しめる、笑いあり、歌あり、遊びあり、体操あり、ミュージックパネルあり、なんでもあり～のステージを全国各地で展開。そのほか、保育雑誌などにオリジナルの遊びや体操を執筆、保育者対象のセミナーに出演、絵本や紙芝居を創作、など広く活動。また、人形アニメ「おやすみ、クマちゃん」の日本語吹き替えに挑戦、NHK教育テレビ「おかあさんといっしょ」にあそび歌やあそびを提供、同「すくすく子育て」に歌を提供など、活動の幅を広げている。主な作品にCD『エビカニクス』、『プリティケロポンズ』、『キミノエガオ』、図書『ケロポンズのあそびネタ』、『うたってあそぼう!! ケロポンズ』（ひかりのくに）など多数。ホームページアドレス http://www.kaeruchan.net/

増田裕子（ケロ）[ますだゆうこ]

東京都出身。国立音楽大学教育科、幼児教育専攻卒。4年間の幼稚園勤務ののち、フリーに。みんなのバンド『トラや帽子店』の元キャプテン。ミュージックパネル作家として活躍。現在は保育雑誌の連載、ソロライブなど、広く活動。ソロCD『チャームポイント』のほか、著書に、『増田裕子のミュージックパネル』1・2（クレヨンハウス）、『つくってあそぶミュージックパネル』（全社協）、絵本に『いろいろおんせん』（そうえん社）、『むぎちゃんのすなば』（偕成社）、『ハロウィンドキドキおばけの日！』（文溪堂）などがある。

平田明子（ポン）[ひらたあきこ]

広島県出身。安田女子大学児童教育学科卒。巨漢コーラスグループ『モーモーズ』のメンバーとして活躍。そのかたわら、増田裕子のパネルセミナーの伴奏をしながら、「りんごの木こどもクラブ」で5年間保育し、「歩くぬいぐるみ」として子どもたちと遊んでいた。ウクレレ、リコーダーなどさまざまな楽器を楽しく演奏。動物の鳴きまねは絶品。ときどき絵やおしりもかいているらしい。著書に、『保育でポン！』『ポンちゃんの0.1.2歳児とふれあって遊ぼう』（チャイルド本社）がある。

※本書は、『月刊 保育とカリキュラム』2005年度連載「ケロポンズのうたっておえかき」・2007年度連載「ケロポンズのいろいろシアター」・2008年度連載「ケロポンズのいつでもどこでもお手軽プチパネル」及び、『月刊絵本ひかりのくに』2006年度連載「ケロポンズのいち・にのまねっこ」・2007年度連載「ケロポンズのうきうきたいそう」に、新しいキャラクター『おにぎりくん』などを加え、加筆、再構成し、単行本化したものです。

STAFF

- ●本文レイアウト・編集協力／堀野まり・永井一嘉・永井裕美
- ●本文イラスト／コダイラヒロミ（おにぎりくんたち）・ケロポンズ（絵人形）・柳 深雪（堅紙）・巳優（遊びイラスト）・ヤマタカ マキコ（「いち・にのまねっこ」）・かわかみたかこ（「うきうきたいそう」）・ハマダルコラ（「うたっておえかき」）
- ●衣装製作／國友麻理子（「うきうきたいそう」）
- ●写真／今泉邦良
- ●楽譜浄書／福田楽譜・クラフトーン
- ●企画・編集／長田亜里沙・安藤憲志・小川千明・秋山和美・豊田崇宏

本書のコピー、スキャン、デジタル化等の無断複製は著作権法上での例外を除き禁じられています。本書を代行業者等の第三者に依頼してスキャンやデジタル化することは、たとえ個人や家庭内の利用であっても著作権法上認められておりません。

※本書の場合、型紙においては上記の禁止事項を適用外とする。

保カリBOOKS⑨
プチパネル・いろいろシアター
ケロポンズの出し物・シアターおまかせブック

2010年6月　初版発行
2021年7月　第16版発行

著　者　ケロポンズ（増田裕子・平田明子）
発行人　岡本 功
発行所　ひかりのくに株式会社

〒543-0001　大阪市天王寺区上本町3-2-14　郵便振替00920-2-118855　TEL06-6768-1155
〒175-0082　東京都板橋区高島平6-1-1　郵便振替00150-0-30666　TEL03-3979-3112
https://www.hikarinokuni.co.jp

印刷所　凸版印刷株式会社

©2010 乱丁、落丁はお取り替えいたします。
JASRAC 出 1005567-116

Printed in Japan
ISBN978-4-564-60720-2　C3037
NDC376　136P　26×21cm